和合·商道系列丛书

思政引领“三全育人”

西南民族大学商学院教学研究文集

主　编◎袁　蕴　康　杰
副主编◎陈丽霖

中国经济出版社
CHINA ECONOMIC PUBLISHING HOUSE
·北京·

图书在版编目（CIP）数据

思政引领“三全育人”：西南民族大学商学院教学研究文集 / 袁蕴，康杰主编；陈丽霖副主编. 北京：中国经济出版社，2024. 12. -- ISBN 978 -7 -5136 -7940 -4

Ⅰ. G641 -53

中国国家版本馆 CIP 数据核字第 2024XL0770 号

责任编辑　王　帅
责任印制　李　伟
封面设计　任燕飞

出版发行　中国经济出版社
印 刷 者　北京建宏印刷有限公司
经 销 者　各地新华书店
开　　本　710mm × 1000mm　1/16
印　　张　12. 25
字　　数　182 千字
版　　次　2024 年 12 月第 1 版
印　　次　2024 年 12 月第 1 次
定　　价　78. 00 元
广告经营许可证　京西工商广字第 8179 号

中国经济出版社 **网址** http://epc. sinopec. com/epc/ **社址** 北京市东城区安定门外大街 58 号 **邮编** 100011
本版图书如存在印装质量问题，请与本社销售中心联系调换（联系电话：010 -57512564）

前　言

PREFACE

《教育强国建设规划纲要（2024—2035年）》明确指出，加快建设具有强大思政引领力、人才竞争力、科技支撑力、民生保障力、社会协同力、国际影响力的中国特色社会主义教育强国。然而随着人工智能、数字经济的飞速发展和商业模式的急剧变革，当前商科教育中“工具理性与价值理性失衡”“商业伦理教育弱化”等问题日益凸显。2019年8月，中共中央办公厅、国务院办公厅印发《关于深化新时代学校思想政治理论课改革创新的若干意见》，明确提出要全面推进高校课程思政建设。2020年5月，教育部通过的《高等学校课程思政建设指导纲要》为课程思政建设提供了全面指引。2020年10月，中共中央、国务院印发《深化新时代教育评价改革的总体方案》，进一步明确提出“三全育人”要求。因此，在新时代高等教育高质量发展的大背景下，商学院作为培养经济领域高层次人才的主阵地，如何培养兼具专业能力与家国情怀的“新商科人才”，如何重构“知识传授—能力培养—价值塑造”三位一体育人体系，如何牢牢抓住教师队伍“主力军”、课程建设“主战场”、课堂教学“主渠道”，对传统商科教育进行改造和创新，这些都是亟待解决的重大问题。

西南民族大学商学院积极探索应对之道，聚焦“三全育人”理念及其在商科教育中的深化实践，深入探究新商科人才的培养理念、路径和方法，系统探索思政引领与商科人才培养的融合机制，构建思政引领与专业教育深度融合的创新模式，推动思政课程、课程思政同向发力，培养德能兼备的高层次商科人才。通过多年努力，在课程建设及人才培养方面取得了一些阶段性成绩，现将这些探索成果汇编成文集，以期为构建中国特色商科育人体系提供理论与实践参考。

一方面，本文集充分展现了学院在课程思政建设领域的理论研究成果。学院依托人力资源管理、会计学等国家级、省级一流本科专业建设点以及国家级一流本科课程，成立了工商管理课程思政教研中心，并组建了课程思政名师工作坊，深入推进课程思政的研究与实践。结合商科人才培养的实际需求与民族高校的独特特色，学院积极探讨了在多元化课程教学、多功能实践实习、国际化教育模式以及个性化教育形态中有效融入思政元素的方法，铸牢中华民族共同体意识，全面提升学生的专业能力。目前，已有2门课程入选省级课程思政示范课，1个教学团队荣获“省级课程思政示范教学团队”称号，学院2023年获批四川省首批课程思政标杆院系。

另一方面，本文集也深刻反映了学院在课程思政建设方面的实践探索成果。学院主动优化以“教师、企业家、校友”为主体的育人体系，强化思政引领，构建了“校内导师＋企业导师＋思政导师”的联动机制，形成了覆盖课堂教学、实习实践、职业发展的多元育人网络。从新生专业启蒙到毕业生职业价值塑造，学院打造了一条完整的人才培养链，并建立了课程思政案例库，将思政教育融入案例教学、商业模拟、创新创业等环节，将中华商业文明、企业伦理等元素转化为育人资源。同时，学院不断强化“大思政观”，推动育人主体从“单一传授”转向“生态共建”，实现了知识传授与价值引领的有效统一。

综上，本文集既是对西南民族大学商学院过去在课程思政改革及三全育人工作方面的全面总结，也是对未来创新培养模式的行动宣言。面对新质生产力发展的新要求，学院将秉持“跟上时代，力求创新”理念，持续加大课程思政建设力度，结合大数据、人工智能等先进技术，构建智能育人系统。同时，学院将进一步加强与高校、企业、社会组织的合作共建，建立覆盖全产业链的商科思政资源库，切实塑造铸魂立教、立德树人的新格局，培养能担当民族复兴大任、兼具全球视野与中国特色的商业从业者。

在此，衷心期待与各界同仁共同探索育人新路径，携手为培育能担当民族复兴大任的中国商科人才贡献智慧与力量。

目 录

CONTENTS

1　民族高校商科课程思政建设刍议

陈丽霖[①]

摘要：习近平总书记指出，教师做的是传播知识、传播思想、传播真理的工作，是塑造灵魂、塑造生命、塑造人的工作。同时，商科人才培养在迈向数字经济时代的过程中，转型升级面临诸多挑战；民族高校如何紧紧抓住教师队伍“主力军”、课程建设“主战场”、课堂教学“主渠道”，守好一段渠、种好责任田，助力学生树立正确、坚定的国家观、民族观，铸牢中华民族共同体意识，提升学生的专业能力、专业素养是民族高校课程思政建设的出发点和归宿点。

关建词：民族高校；商科；课程思政

习近平总书记多次强调“教育是国之大计、党之大计”，要坚持把“立德树人”作为教育的中心环节和根本任务，“把思想政治工作贯穿教育教学全过程”。2020 年，教育部印发《高等学校课程思政建设指导纲要》，对课程思政建设做了方向性引领。民族高校自诞生之日起就肩负着加强民族团结、维护祖国统一的特殊办学使命和人才培养重要任务，而专业课程教学是人才培养的重要部分，也是思想政治工作的重要阵地。因此，在专业课程建设中，不要简单复制普通院校的模式，而要针对自身的生源特点和培养目标，依托自身有利资源，进行具有开拓性和创新性的探索，需要紧紧围绕“培养什么人、怎样培养人、为谁培养人”这一命题，在课程设计和教学过程中积极践行“为国家发展战略服务、为民族团结进步事业服

---

① 陈丽霖，女，四川犍为人，西南民族大学副教授，管理学博士，主要研究方向为资本市场财务与会计。项目来源：西南民族大学 2024 年研究生教育成果奖培育项目“基于思业融合的西部民族院校商科硕士课程思政案例教学研究”。

务”的办学使命，坚守“为党育人、为国育才”的初心，将思政元素融入专业课程，进行课程思政建设的有益探索。

商科课程的特点是强调实用性和经验性。因此，商科课程思政的建设需要考虑更加实际的问题，比如如何把思政与商科课程的实用性结合起来，如何培养既具备正确、坚定的国家观、民族观，又具有商业头脑和责任感的中华民族建设人才以及如何铸牢中华民族共同体意识等。

1.1 课程思政建设现状

1.1.1 课程思政在高校的地位和作用

在高等教育中，课程思政一直被视为高校思想政治工作的重要内容之一，它是贯穿于高校所有课程中的思想政治教育的重要手段。它旨在通过课堂教学，培养学生的正确政治方向和理想信念，提高学生的道德水平，增强学生的社会责任感和使命感，为社会主义现代化建设提供有力的人才支持。

课程思政在高校的地位和作用不仅体现在学生的思想政治教育上，也体现在高校师生的文化素质和道德素养上。通过课程思政，教师能够将政治教育融入教学过程中，让学生在吸收学科知识的同时，实现助人与自助，能够深刻理解习近平新时代中国特色社会主义思想，更好地坚持正确的政治方向，进一步提高综合素质。

综上所述，课程思政在高校教育中扮演着不可或缺的角色，它不仅是高校思想政治工作的重要组成部分，也是高等教育质量提高的重要保障。推进课程思政建设，就是要寓价值观引导于知识传授和能力培养之中，帮助学生塑造正确的世界观、人生观、价值观，这是人才培养的应有之义，更是必备内容。因此，应不断完善课程思政的理论体系，不断改进课程思政的教学方法，更好地推进高校教育的健康有序发展，提升人才培养质量。

1.1.2 民族高校商科课程思政建设的“痛点”

首先，缺乏针对性和实效性。商科教育以培养专业技能为主，思政教育往往停留在宏观层面，缺乏实际应用性和具体操作指导。其次，教师队伍建设不足。商科教育注重实践，需要教师具有一定的行业背景和实践经验，而思政教育需要教师具有扎实的理论功底和政治素养，因此，如何将二者有机结合，培养出既具备商业实践能力又具备思想政治素养的人才，是当前商科课程思政建设面临的重要问题。最后，缺少融入思政元素的教学案例，特别是对于民族高校，现有教学案例中鲜有针对民族地区，特别是西部民族地区与思政元素相关的教学案例，这将在较大程度上影响民族高校育人目标的实现。

1.2 商科人才培养的发展趋势及社会需求

1.2.1 商科人才培养的发展趋势

商科人才的培养一直是高等教育的重点之一，随着时代的变迁和市场经济的发展，商科人才培养的需求也在不断变化。当前，商科人才培养的发展趋势主要体现在以下几个方面。

首先，多元化的课程设置。传统的商科教育以经济学、管理学等为主，但现在的商科课程设置已经越来越多元化，涵盖了市场营销、金融、会计、人力资源管理等多个领域。近年来，互联网、人工智能等新兴产业的发展，也促使商科教育更加注重信息技术和数据分析等方面的内容。

其次，实践教学的重视。商科人才培养需要实践经验的积累，实践教学在商科教育中占据越来越重要的地位。各类实践教学活动如企业实习、社会调研、案例研究等都成为商科教育中必不可少的环节。

再次，国际化的教育模式。随着全球化进程的不断推进，商业环境的国际化越来越明显，因此培养具有国际视野和跨文化能力的商科人才也变得越来越重要。许多高校已经开始实行国际化的教育模式，如与国外知名大学开展联合培养项目以及开设双语课程等。

最后，个性化的教育模式。在教育观念不断更新的当下，商科教育也在逐步探索个性化的教育模式。针对学生的不同兴趣爱好、专业方向和职业规划，开设个性化的课程、辅导和实践活动，帮助学生更好地发掘自身优势和潜力。

1.2.2 商科人才培养的社会需求

商科人才是现代社会中不可或缺的一部分，其培养需求与社会经济的发展息息相关。随着信息化、数字化、智能化等趋势不断加强，商科人才的社会需求也在不断变化和提升。

首先，随着经济全球化的深入，企业在国际市场上的竞争越来越激烈，对于具有国际视野、跨文化沟通能力的商科人才的需求日益增加。其次，信息化、数字化、智能化等技术的发展加快了商业模式的变革，对商科人才的专业技能和创新能力提出了更高的要求。再次，随着经济结构的调整和转型，以及新兴产业和服务业的快速崛起，社会对于具有创新思维和创业精神的商科人才的需求也越来越迫切。最后，社会对商科人才的社会责任和社会价值观的要求日益提升。在商业活动中，合法性、诚信经营、社会责任等方面的重要性越发凸显，对商科人才的职业道德和社会责任感提出了更严格的标准。此外，社会也越发强调商业活动的公正、公平、公开，要求商科人才必须具备强烈的社会公正意识和高度的社会责任感。

总之，商科人才的社会需求与社会经济的发展密不可分，需要适应不断变化的市场和社会需求。未来，商科人才需要具备更高的综合素质、专业技能和创新能力，以及更强的社会责任感和公正意识，以适应不断变化的市场和社会需求，为经济社会的发展做出积极贡献。

1.3 民族高校商科课程思政建设的建议

1.3.1 推进思政工作和商科课程的深度融合

推进思政工作和商科课程的深度融合，是当前民族高校商科课程思政建设的重要方向之一。这种融合的核心在于将思政教育与商科课程教学有机渗透，使商科课程教学更加注重培养学生的思想道德素质，而思政教育则更加关注学生的专业技能和实践能力。推进思政工作和商科课程的深度融合需要建立一整套教育体系，从教材编写、教师培训、课堂教学到课程评估都需要全面推进。具体来说，可以采取以下措施。

首先，教师要有高水平的教学能力和丰富的实践经验。在选聘和培训教师时，要注重对专业知识和思想政治素质的综合考量，使教师能够在商科课程教学中有意识地融入思政元素，提高学生的思想素质和道德修养。

其次，教材编写要重视思政元素的融入。编写商科课程教材时，需要结合思政教育的要求，注重融入道德、法治、文化等元素，以提高学生的思想素质和道德水平。

再次，课堂教学要突出思政教育的要求。在商科课程教学中，教师要注重课堂教学的思政教育功能，激发学生的学习兴趣和思考能力，提高学生的道德修养和专业素养。

复次，民族高校的商科课程中，以铸牢中华民族共同体意识为主线，强化共同性，尊重差异性，增加案例教学，让学生更好地了解中华民族文化和历史，增强自信心，同时加深学生对民族团结进步事业的认识和理解。

最后，可以在商科课程中增加一些社会实践和志愿服务环节，让学生更好地了解社会，培养他们的社会责任感和奉献精神。

1.3.2 加强教师队伍建设

加强教师队伍建设，是提高民族高校商科课程思政建设质量的重要保证。目前，民族高校商科教师队伍普遍年龄偏大，缺乏年轻有为的教师，教师专业水平和教学能力有所欠缺，亟须采取有效措施进行改进。

首先，加强对商科教师的培训，提高其教学能力。通过开展教师教学能力提升培训、参加学术交流等方式，提高教师的专业知识水平和教学能力，进一步增强教师的综合素质，使其能够更好地适应新时代商科教学的要求。

其次，加强对青年教师的引进和培养。民族高校应当积极加大优秀青年教师引进的力度，鼓励更多杰出的青年教师投身民族高校商科教育教学事业。同时，通过组织青年教师参与学术交流会议、实践教学锻炼等活动，有效提升他们的教学实战经验，丰富他们的理论知识水平。

再次，建立健全完善的商科教师激励机制。通过加强教师职称评审机制和岗位竞争机制、提高教师薪酬待遇等方式，激发教师在教学、科研和服务方面的积极性和创造性，提高他们的工作效率和工作热情。

最后，建立完善的商科教师评价机制。采用学生评教、同行评教等方式对教师进行评价，及时反馈教师的教学表现和教学效果，对于教学效果不佳的教师进行督促和指导，从而提高民族高校商科教师队伍整体素质。

1.3.3 创新商科课程思政教学方式

首先，利用信息技术手段开展线上教学。信息技术的快速发展为教育教学提供了很多新的可能性，尤其是在远程教育和在线教育方面。为了提高商科课程思政的教学效果，可以利用一些在线教学平台，如腾讯会议、Zoom 等，进行线上授课和互动交流。此外，还可以利用网络课程和 MOOC

（大规模开放式在线课程）等教学资源，为学生提供更加便捷的学习方式。

其次，采用案例教学法。商科课程思政教学，通过引入具体的案例，引领学生深刻领悟课程思政的内涵。这种教学方式有助于学生将所学的知识与实际问题相结合，更好地理解和掌握课程思政的核心内容。

再次，开展社会实践和实习。通过社会实践和实习，特别是深入民族地区，学生能够更加深入地了解社情民情，进一步增强社会责任感和中华民族共同体意识。在社会实践和实习过程中，教师可以结合实际问题，引导学生思考商业活动对社会、环境和经济的影响，加强商科课程思政教学的实践性。

最后，注重学生个性化发展。每个学生都有自己的特点和潜力，在商科课程思政教学中应注重发挥学生的个性和特长，培养学生的创新思维和实践能力。

1.3.4 结合民族高校育人目标，推进商科课程思政建设

结合民族高校育人目标，服务国家战略、服务民族团结进步事业，推进商科课程思政建设。例如，在民族地区，可以加强对当地优秀企业家的培养和引导，注重本土化的商业实践和经验传承。在边疆地区，可以加强对国家政策和战略的宣传与解读，增强学生的民族认同和爱国情怀。在农村地区，可以加强对乡村振兴战略的研究和教育，培养学生的社会责任感和使命感。这些措施需要精准对接不同地区、不同学生群体和不同课程内容，制订针对性计划和方案。

综上所述，民族高校商科课程思政建设是一项长期的、系统性的工程，需要师生共同努力。只有通过深化改革、加强创新、注重实践、结合实际，才能真正实现商科课程与思政教育的有机融合，为铸牢中华民族共同体意识，推动民族地区的经济社会发展和民族团结进步事业做出更大的贡献。

参考文献

[1]何玉海．关于“课程思政”的本质内涵与实现路径的探索[J]．思想理论教育导刊，2019(10)：130－134.

[2]邱仁富．“课程思政”与“思政课程”同向同行的理论阐释[J]．思想

教育研究,2018(4):109 - 113.

[3]习近平. 思政课是落实立德树人根本任务的关键课程[J]. 求是,2020,9(17):12.

[4]唐德海,李枭鹰,郭新伟."课程思政"三问:本质、界域和实践[J]. 现代教育管理,2020(10):52 - 58.

[5]王晓宏. 课程思政视域下高校思政课和专业课协同育人的制约因素与推进路径[J]. 安徽开放大学学报,2022(4):64 - 68.

2 加强实践教育在商科人才培养中作用的几点思考

刘成高[①]

摘要： 实践育人是贯彻党的教育方针和立德树人根本任务的重要环节。随着社会经济日新月异的变化发展，特别是商科教育在国际化、信息化和应用性方面的不断提升，对商科人才的实践创新能力提出了更高要求。如何在落实产教融合的大趋势下，树立正确的实践育人方向、提升人才培养的效能，从而适应时代和社会的需求，是商科人才培养亟待解决的问题。

关键词： 商科教育；实践教育；产教融合

2.1 商科类专业人才培养和产教融合

2.1.1 商科教育与人才培养目标

高等教育的目的不仅是为社会输送和培养有用的人才，更在于能根据未来市场经济发展涌现出来的新兴职业的不确定性和学生的求职取向，构建科学的人才培养模式，提高学生发现问题、分析问题和解决问题的综合能力，因而具有显著的研究性、开放性和实践性。

随着我国社会经济的发展和市场经济体系的不断改革深化，以及商科人才培养面临着信息化、国际化和应用性等方面的更高要求，社会对高校商科学科综合型人才的需求数量和质量也随之不断增加和提高。高等院校在商科人才培养中的核心任务，在于能否为社会、企业输送专业对口、视野宽广且具有实操能力的优秀毕业生，这些毕业生作为“产品”，能迅速在国家及社会层面实现从人力资本向人力资源的有效转化，对于推动社会经

---

① 刘成高，经济学博士，西南民族大学教授，兼职执业律师，公司高管，主要研究方向为房地产经济、经济法、公司治理。

济发展具有至关重要的作用。

2.1.2 创新创业教育与产教融合

我国高等教育很早就明确了创新创业方向，但是创新创业教育的效果并不明显。自2012年开始，国家层面发文推动创业教育与专业教育融合，推进创业教育普及化。高校基于知识创新的创业教育是在国家“大众创业、万众创新”驱动经济社会发展的背景下提出的，创新创业教育的实质拓展为以创新为基础的创业，鼓励和支持创新者创业，使创新创业不仅成为解决大学毕业生就业的重要手段，也成为驱动经济社会发展的引擎。

产教融合正是在这样的背景之下产生的，即学校根据所设专业，把企业经营与实践教学相结合，从而达到以教促学和学以致用的目的，构建一种能学以致用、契合时代需求并具有一定前瞻性的商科人才培养模式，使学校成为集人才培养和为企业、产业提供科技创新服务于一体的融合平台。

2.2 传统商科人才培养模式的局限

2.2.1 课程学分设置不合理

在传统商科教育培养体系中，公共课与理论课的学分占比偏高，导致学生进入高年级深入学习专业课程时，面临课程安排过于密集的挑战，大多数学生为了完成学业疲于应付，不得不将大部分时间和精力投入填鸭式、教条式的学分修习过程中，从而极大地限制了他们接触和实践应用性强的学习环节的机会。除课程学分设置不合理外，现有商科人才培养的教学内容和体系大多比较陈旧，已明显与商业社会和市场经济脱节，学生从课堂上学到的东西与之后的就业工作所需相去甚远，更无从谈起培养学生的创新能力。在这种人才培养模式下，学生的实际动手能力难以实现系统性检验和提升。原本为实践教学建立起来的实验室也大多不能发挥其应有的作用，学校组织的社会实践和参观学习基本上没有围绕商科专业技能开展，大部分流于形式。

2.2.2 人才供给和需求严重脱节

吐故纳新、人才招聘是企业本身人才需求和人力资源管理中的重要环节。但在新进人员的招募过程中，企业非常重视对新入职人员的实际动手能力和工作经验方面的考核认定，以此确保在人员引进和轮换中能够提高工作效率，为企业创造更大的商业价值。

企业的首要目标是追求经济效益和商业价值，所以在复杂多变的市场经济环境下，作为企业的产权人和经营者，必须着眼于当下，确保每个工作人员任务充实，不窝工、不怠工，才可以为企业创造财富奠定坚实的人力资源基础。但从长远来看，企业的发展和竞争力的提升必须有合理的人才梯队和后续人才储备保障，基于这样的人才需求导向，企业普遍期望商科专业的学生具备较强的适应能力和实际操作经验，即使是实习实践，也要以不影响企业的正常运行管理为前提。但现实是学生在课堂上学到的理论知识往往与实际的商业实践存在较大差距，难以满足企业的实际需求。近年来随着大学生就业压力的增大和考研难度的提升，学校和学生在实践教学方面的投入受到了一定影响，导致社会和企业对商科类毕业生的认可度下降，进而又削弱了商科学生的就业竞争力，形成了一个恶性循环。

2.2.3 学校人才培养供给不足

从学校角度来看，商科人才培养中可用于实践教育环节的经费不足。过去人才短缺的年代，统一组织的实习中，学生还可以从单位领取报酬，得到免费食宿等优厚条件。但现在大学毕业生逐年增多，经济形势日趋复杂严峻，各类企业和单位对实习生的需求数量显著下降，加之实习可能引发的单位运行效率降低、用工风险增加等问题，学校并没有采取有效措施予以应对，除了要求学生提供实践证明和实习报告等形式要件，学校并没有从经费或行动上为学生实际参与企业的商业活动提供支持，而为此设立的大创项目、就业指导也基本上是教师和少数学生从书本到课堂再到赛场的智力活动，难以与企业经营和商业实践对接，更不能使大多数商科学生在此过程中受益，无法达到商科人才培养的预期效果。

2.3 加强实践教育在商科类专业人才培养中作用的思路和建议

2.3.1 加强师资队伍建设

目前的高等院校商科人才培养中，师资建设是关键。缺乏商业社会和企业运营管理经验的教师是很难培养出合格的商科学生的，所以必须着力打造和建设一支具备理论知识素养并且实践经验丰富的师资队伍。学校应鼓励教学单位和教师与社会和企业的长期性、持续性互动和融合，要注重实验教学指导教师特别是青年教师与企业和社会建立交流互动的平台，鼓励他们走出校园，走进企业，融入市场经济第一线，这样既可以实现教师特别是青年教师知识结构、能力结构的优化，又可以增强实践性教学的针对性。对于在学生实践教育环节积极参与并卓有成效的教师，学校在考核评优、职称晋升环节可以适当倾斜照顾。同时，学校还应该积极与政府相关部门沟通衔接，引导鼓励具有丰富商业实践经验的企业家和管理人员担任学校商科校外导师，帮助学生提高实务能力，并在登记、社保、税收等方面给予这些企业一定的政策倾斜。

2.3.2 加强课程设置改革和创新

确立实践教学的主体地位应该从改革现有课程体系设置开始，彻底改变传统教育模式下实践教学处于从属地位的现状。把实践教育贯穿商科人才培养方案始终，大幅增加实践性教学的学时学分比例，减少或取消与实践脱节的纯理论课程。要把专业实践教学中的实践课程与独立实践环节中的模拟实习、阶段实习、专业认识实习、专业实习、毕业实习等课程设置有机结合起来综合考虑。要赋予商科人才培养单位根据商业市场变化灵活调整课程设置及专业的自主权，以便及时进行必要的纠正与优化。

根据专业课程的不同阶段，设立基础型实验—应用型实验—提高和研究型实验等不同层次的实验课程，增加开放性、自选性实验，实行因材施教，充分发挥学生的主动性和创造性。根据国外的教学实践经验，每门专业实验课程的实验教学课程在学时上应占该门课程总学时的50%以上方能收到明显效果，其他各种类型的实践教学方式的学时比例也应相应增加，只有这样才能真正突出实践性教学环节在商科类专业学生培养中的主体地位。

2.3.3 加强商科实验室和实习基地建设

模拟实验室是实践性教学体系不可或缺的基础设施。尽管大部分商科类高等院校已配备实验室，但真正能够完全满足教学需求的并不多，实验设备滞后于目前实际中的应用，更没有实际的商业企业参与，许多模拟的数据系统和实践大多只能凭理论推导甚至想象，其教学效果自然大打折扣。

目前高等院校的实验室基础设施虽然数量众多，但由于各学院、中心分门别类各自为政，导致实验室利用率极低，因此高等院校应推行学校与学院两级实验室管理体系，通过网络化平台实现资源共享，避免重复建设，打造开放共享的实验中心，统一规划与管理人员、场地、仪器设备、经费及实验教学任务。

除了实验室建设，学校还应鼓励相关院系在校企合作、产融结合的基础上，建立由商科学院自身出资组建的模拟实操公司，这样可以解决学生的实习难题，为所有商科学生提供身临其境的实习机会。这些公司可以进行实际的商业性运行，专门聘请具有实践经验的校内外教师担任公司管理层，利用公司人力资源架构为学生进行角色分类、情景代入、指标考核等，结合创新创业实践帮助学生将所学知识运用于实际商业社会。模拟企业的实际运营不仅能培养学生的实际动手能力，创造财富机会，还能提供市场纠错经验，缩短其进入工作岗位后的适应期，提升其商业心理素质，从而优化商科人才培养质量。

总之，丰富和完善商科类专业人才培养的实践性教学环节，既是一项长期而艰巨的系统性工程，也是高等院校在文科类人才培养方式上的教育创新，从政府、学校到企业、教师和学生，都应当就此达成共识，增强联动，共同投入智慧和努力，为我国经济社会的可持续发展培养出更多优秀的商科人才。

参考文献

[1]王占仁. 中国创业教育的演进历程与发展趋势研究[J]. 华东师范大学学报(教育科学版),2016(2):30－38.

[2]王焰新. 跨学科教育:我国大学创建一流本科教学的必由之路——以环境本科教学为例[J]. 中国高教研究，2016(6):17－24.

[3]王彦飞. 产教融合背景下高校创新创业教育的发展现状和路径分析[J]. 创新创业理论研究与实践,2022(4):58－60.

[4]张卫民. 美国高校跨学科创业教育研究:基于 KCI 18 所高校案例的分析[D]. 苏州:苏州大学,2019.

3　人力资源管理学科课程思政建设路径分析

李云雀[①]

摘要：在课程思政融入人力资源管理学科教学改革实践过程中，需要将管理理论与中华优秀传统文化、社会主义核心价值观相联系。人力资源管理学科课程思政建设着眼于人力资源管理专业人才培养目标，因此应将人力资源管理的专业核心课程教学目标与思想政治教育教学的核心目标相结合，以构建思想政治教育、专业知识传授、综合能力素质拓展“三位一体”的协同教学机制；此外，还要针对人力资源管理不同模块的内容，设计契合课程内容的德育要素，利用现代化教学设备，在专业课程的教学中协同开展思想政治教育，将人力资源管理专业课程的核心内容和思政教育课程的核心思想深度融合。

关键词：人力资源管理学科；课程思政；建设路径；教学设计

3.1　引言

作为批量培养人力资源管理从业者的摇篮，高等院校是企事业单位人力资源管理高层次复合型人才品德培养的基地与源头。因此，高校应坚持不懈弘扬社会主义核心价值观，不断引导、帮助学生提高思想认识水平、政治觉悟、道德品质和文化素养，引领他们成为德才兼备、全面发展的人才。当前，高校课程思政已经进入改革的升级与深化的关键期，在实际教学过程中相关实践的课程建设内容不断丰富，但是高校思想政治教育与专业教学之间尚未建立起全面且高效的联动机制。

---

① 李云雀，女，云南大理人，西南民族大学商学院讲师，主要研究方向为人力资源管理。项目来源：2021 年西南民族大学重点教改项目“人力资源管理专业教育与创新创业教育深度融合的实践教学模式研究”。

3.2 课程思政融入人力资源管理学科课程教学实践的必要性

2016 年 12 月，在全国高校思想政治工作会议上，习近平总书记明确指出，“我国高等教育肩负着培养德智体美全面发展的社会主义事业建设者和接班人的重大任务，必须坚持正确政治方向”，“要用好课堂教学这个主渠道，各类课程都要与思想政治理论课同向同行，形成协同效应”。2019 年 11 月 15 日，教育部等七部门印发《关于加强和改进新时代师德师风建设的意见》，指出：“充分发挥课堂主渠道作用，将立德树人放在首要位置，融入渗透到教育教学全过程。”由此可见，教育的根本任务是立德树人，各类各门课程都要始终贯穿思想价值引领这一主线。

思政课程与课程思政的核心内涵都是育人。思政课程重在根据教育部规定的思想政治教育课程育人要求开设专门的思想政治教育课程；课程思政建设不是一门独立的学科，而是在原有学科培育体系及知识结构中发掘和强化思政元素的创新教学模式。课程思政理念的设计以构建全方位的教学育人发展格局为主，将各种思政课程进行有效结合，共同形成新的、综合素养较强的教育理念。课程思政与专业学科教学实践的融合是在教学过程中强化基本管理理念同中华优秀传统文化、社会主义核心价值观等思政元素的联系，就是要将思政元素融入专业学科教学中，从源头上强化现代管理学科同传统文化和思政内涵的联系，而不是将专业学科完全按照西方管理哲学、资本主义管理逻辑进行诠释。

人力资源管理是指在经济学与人本思想指导下，通过吸引、保留、激励与开发组织需要的人力资源，从而促成组织目标的实现。高等院校作为批量培养人力资源管理从业者的摇篮，是企事业单位人力资源管理高层次复合型人才品德培养的基地与源头。企业的人力资源工作与高校思想政治教育工作密不可分，二者的工作对象、工作内容及工作方法都具有一定的相似性。在人力资源管理教学中结合思想政治教育相关内容，一方面有利于学生从更加全面的角度学习人力资源管理课程，另一方面有利于学生今后从事人力资源管理工作时更有效地、更有技巧地做好本职工作。因此，高校人力资源管理专业课程思政建设，是教学改革的客观要求。

基于此，人力资源管理学科课程思政建设应聚焦人力资源管理专业人才培养目标，将人力资源管理的专业核心课程教学目标与思想政治教育教学的核心目标相结合，构建思想政治教育、专业知识传授、综合能力素质拓展“三位一体”的协同教学机制；此外，还要针对人力资源管理不同模块的内容，设计契合课程内容的德育要素，利用现代化教学设备，在专业课程的教学中协同开展思想政治教育，将人力资源管理专业课程的核心内容和思政教育课程的核心思想深度融合。

3.3 人力资源管理学科课程思政建设的路径分析

3.3.1 设定目标，明确教改的方向

课程思政教学改革，应立足于人力资源管理专业人才培养，针对人力资源管理不同模块的内容，设计契合课程内容的德育要素，利用现代化教学设备，在专业课程的教学中协同开展思想政治教育。应在将思政教育相关理念融入专业课程教学的过程中，对现有培养方案、核心课程体系、教材、教学制度、课堂教学及实践教学等关键环节不断加以完善，从而增强高校人力资源管理专业课与思政元素融合的实效性，并为国家培养更多具有扎实专业知识基础、较高政治理论水平以及较高职业道德标准的高级复合型人才。

为了将课程思政的育人目标贯穿课程教育的全过程，人力资源管理课程思政的教学设计力求将专业课程的学科知识与课程德育内容有机结合，以进一步丰富课程教学内容，延伸课堂教学的育人深度。例如，教师在设计人力资源管理概论的教案时，要明确专业知识教学的目标是让学生掌握人力资源及人力资源管理的基本概念、了解人力资源管理的发展历程；而课程思政教学目标是引导学生用发展的眼光看待世界的变迁，通过人力资源管理相关理论的演进，透视大国崛起的轨迹。在讲授绩效管理的内容时，专业知识教学的目标是让学生掌握绩效管理的概念，理解并掌握绩效考核的流程和主要方法；而课程思政教学目标可以设计为学习大国工匠精神，培养学生的敬业意识。至于员工招聘与培训管理部分，专业知识的教学目标是让学生理解员工招聘与培训的目的、意义与方法，掌握员工面试与测评的原则和方法，熟悉员工培训的概念、类别及方法；而课程思政教学目标是培养学生的公平意识、竞争意识，引导他们树立终身学习意识并培养

正确的择业观。

3.3.2 人力资源管理学科课程思政内容的设计

1. 在吸纳思政元素的基础上进行教学内容设计

“人力资源规划”重在培养学生的全局意识、前瞻意识和规划意识。因此，在介绍人力资源规划的内容时，通过引导学生探讨“一带一路”倡议下我国人力资源服务行业的广阔前景，激发学生对专业学习的兴趣，点燃他们参与并贡献于这一国家战略的强烈愿望；在“工作分析”的教学过程中，可以引导学生强化岗位责任意识，培养学生的担当意识；而在“员工招聘”与“绩效管理”的教学中，要注重培养学生的公平意识、竞争意识与绩效意识；在讲授绩效管理的内容时，应向学生阐释对职业的敬重和热爱之心，引导他们培养勤勉工作、笃行不倦、脚踏实地的从业态度，因为新时代依然需要并且更加注重工匠精神。

在对“薪酬与福利管理”模块的内容进行设计时，教学重点是帮助学生了解薪酬的功能、特点和结构，学习难点是如何有效地进行薪酬的分配；同时，教师也可以引导学生正确看待各种激励手段，并树立正确的物质观和金钱观。通过对企业员工培训与开发管理模块的学习，学生不仅能理解企业重视培训与开发的原因，掌握制订培训计划的具体方法和技巧，更重要的是引导学生树立自我学习、终身学习的良好意识，引导他们培育正确的择业观和科学的职业发展观。

2. 设计热点专题内容、开展专题调研及进行案例讨论等活动

除了在吸纳思政元素的基础上进行教学内容设计，还可以通过设计热点专题内容、开展专题调研及进行案例讨论等活动实现人力资源管理课程与思政元素的有机融合。首先，热点专题内容针对性强，富有问题意识，不但能够激发学生的学习兴趣，而且可以培养学生客观认识、分析现实问题的思维方式，同时是一种有效的价值观和信仰教育。其次，开展课外实践调研也是促进思政元素与人力资源管理课程融合的较好方式，如通过对城市不同就业群体收入状况的调查，学生能够提前接触就业市场需求，拓宽自己的学习视野，增加对国情、社情的了解和把握，对今后将要面临的现实和困难有较全面深入的把握，并使他们树立忧患意识，增强社会责任

感。最后，案例讨论也是学生学习、了解思政元素的重要环节。在教学设计的企业案例讨论中鼓励学生开展“头脑风暴”，通过课堂辩论的互动和碰撞，引导学生更为深入地理解人力资源管理相关问题的核心所在，并在讨论中不断创新管理思维，探索解决问题的对策和方法，也让学生对问题形成更为客观、深刻的见解，从而拓宽其解决问题的视野与思路。

3.3.3 以学生为中心，采用多元化组织学习及创新学习的方法

1. 亲验式学习

建构主义亲验式教学法主张以学习者为中心，教师在学习过程中扮演引导者、帮助者、促进者的角色，而非知识的传授者或灌输者。教学中采用角色扮演、模拟与游戏、案例讨论、成就动机训练等多种方法，通过学员亲身体验来提高学员的能力。学员在此过程中学到的是第一手知识和亲身体验得来的技能。

2. 案例教学

这是一种以学生对案例的分析讨论为中心的互动性较强的教学方法。在薪酬管理案例的学习中，学生以决策人的身份识别和定义问题，分析各种可行方案并制订计划，通过身临其境、解决问题式的学习过程，将管理理论应用于管理实践中。具体的实施步骤为教师提前准备案例素材—分小组（一般3～5名同学）—小组成员分析、讨论并提出解决对策或做出评价—教师总结评价。此外，教师还可以采用案例教学与角色扮演相结合的方式进行教学。例如，在职位薪酬结构设计部分的教学过程中，教师可以结合企业案例，让学生以小组为单位采用两种职位评价的方法分别对岗位进行评估，并进行薪酬等级结构的设计。又如，在课堂教学过程中，教师可以通过“劳动纠纷的仲裁与处理”“违约方是否应该支付违约金”以及“劳动合同应如何签订”等关联性较强的案例引导学生学会运用所学的相关劳动法知识有效解决企业劳动纠纷问题。同时，教师还应重视学生的法治观念教育，在良好的职业道德观的指引下，学生将来进入职场后就能够更加有意识地用职业道德观约束自身的行为。

3. 行动教学

在这种教学模式下，学生通过组建团队，团队成员齐心协力共同完成

教师布置的命题任务来进行学习。学生可以自由组合，5～8 名学生为一组，根据任务要求完成命题作业，并制作 PPT 在课堂上演示。具体实施步骤为教师确定任务主题—提前三周布置任务—组织学生合理（学生可根据自己的兴趣自选然后再协调）分组—演示 PPT—学生提问、讨论—教师评价。例如，在设计员工培训与开发教学方案时先确定学生的分组，再以团队的方式完成以下主题的作业：新员工培训计划、储备干部培训计划以及外派员工培训计划。教师在教学第一周提前将主题任务及相关要求告诉学生，并在随后的课堂教学过程中结合相关理论知识进行引导。学期教学时间过半，教师应采用翻转课堂的方式组织学生进行培训计划 PPT 的展示，并对计划书的优缺点进行评讲。

4. 课堂讨论式学习

讨论式的教学是师生共同就某一主题进行全面分析探讨的、高互动的教学活动。组织课堂讨论式学习有以下两种形式：一是围绕重点、难点事先拟定思考题，让学生分析，并进行充分讨论；二是设置“每课一问”，每次上课时做的第一件事情就是回顾上一堂课的主要内容，并以提问的方式提醒学生思考。此外，教师可以不定期地提前设置讨论题目，要求学生利用课余时间收集相关资料并在之后的课堂教学中进行讨论。在教学过程中，学生随时可以提出问题，师生共同讨论、解决问题。课堂讨论式学习的重点是：当讨论涉及思政教学点时，教师及时给予引导并深入分析，最后引导学生将讨论的重心回归到专业课程的专业知识点上，并进行归纳总结，通过各实施细节的设计，升华学生的价值认同。

5. 基于主动体验的课堂辩论

课堂辩论具有高参与度、场面激烈、令人印象深刻等特点，通过课堂辩论，学生往往能够取得较好的学习效果。例如，在组织学生学习薪酬水平决策理论的教学设计过程中，笔者采用翻转课堂的教学设计方式，提前两周安排学生课外准备以下三个辩题：一是市场领先型策略利大于弊；二是市场追随型策略利大于弊；三是市场拖后型策略利大于弊。辩论过程参考全国大中专辩论赛的模式，分为正方和反方，辩论赛主持及评委均由学生担任。每组辩论结束之后，教师对正反双方的表现及论题探讨的深度、广度进行评价。在辩论前，学生会依据主题进行充分的准备；在激烈的辩论过程中，正反双方竭尽所能阐明己方观点并驳倒对方；在辩论结束后，教师进行点评和总结。因此，通过辩论前、辩论中和辩论后三个阶段的不断强化巩固，全体学生能够在潜移默化的教学过程中强化对相关知识的了解，而且，通过辩论学生的团队合作能力得到了提高，往往能够取得较为理想的教学效果。

3.4 人力资源管理学科课程思政的教学保障路径

3.4.1 学习平台的构建

近年来，随着“互联网+教育”的日益兴起，传统的课堂教学模式已经不能充分满足大学生在知识获取方面的期待和职场的更高需求，在这种趋势下，各高校纷纷顺势而为，通过信息技术手段的提升进行教学改革。例如，“学习通”就是一个综合了线上课程教学及互动的智慧化网络教学平台，涉及多项功能，实用性较强。与教学相关的签到、课堂互动、问题抢答、线上作业布置、学情分析及数字教学资源导入等功能在该平台上都得到了很好的实现。“学习通”具有知识和资源共享的功能，教学主体人员能够利用该平台有效地将思政元素融入专业课的课程教学过程中，有效引领学生提高自我管理能力，并使其对涉及社会主义核心价值观的重要内容形成更为深入的理解。在具体的教学过程中，教师可根据教学进度和具体内容在课前上传课件、视频及案例等相关教学资料，并布置相应的教学任务或测试题，以增强学生的自学意识，培养他们的自我管理能力。在具体教学实施过程中，教师可以通过设置抢答、案例讨论、小组分组汇报等多种形式的课堂活动，强化学生之间以及教师与学生之间的交流与互动，促进学生开展合作学习并培养和强化其团队意识。

除了学习平台的构建，建立校企合作机制与职业素养课程培养体系也是人力资源管理学科课程思政的重要教学保障路径。高校应主动寻求与相关企业和行业协会合作的途径，在人力资源管理专业职业素养教育标准的制定过程中，高校应结合自身的实际情况和人才培养目标，积极参与其中，并结合职场的需求和发展趋势，在遵守人力资源管理人才培养目标与人才成长规律的基础上，探索构建职业素养教育课程体系的路径，从而实现职业素养教育在人力资源管理专业教育教学过程中的深度渗透，这样在专业知识的学习过程中，学生不但能够获得职业素养方面的情感体验，还能够深度了解职业素养教育相关的内容。因此，学校应整合相关资源，确保职业素养教育相关内容能够贯穿学生专业知识学习过程的始终。

此外，为了更加深入、直接地了解企业需求的职业素养，高校还应积极探索建立校外企业实训基地的有效路径。一方面，校企合作实训基地具有多重功能，能够实现高校人力资源管理课程教学内容的有效延伸和扩展；另一方面，通过建立校企合作的实训基地，高校能够获得参观学习企业文化的更多机会，学生在参观学习过程中可以直观地了解企业的工作流程等具体管理环节，从而强化对职业素养在企业管理活动中的影响作用的理解，并进一步理解职业素养在求职、工作等环节中的关键作用，从而激励学生在学习专业知识的同时重视自身职业素养的培育，并为未来的就业做好更为充分的准备。

3.4.2　加强课程思政元素的挖掘，完善案例资料库

鉴于思政元素在高校各门课程建设中的独特、重要作用，近年来，相关部门对高校课程思政建设极为重视。高校应按照相关要求和精神，不断挖掘相关思政元素，并不断丰富完善相关案例，积极探索建立案例库的有效策略。在思政元素的挖掘方面，可以将习近平新时代中国特色社会主义思想、社会主义核心价值观、家国情怀、法治意识、社会责任感、文化自信、人文情怀、工匠精神、职业道德、思想素质、专业素养、敬业精神、诚信守法、正确人才观、爱岗敬业、自强不息、爱国情怀、公平观念等重要思想政治元素作为重点内容，酌情选择适合本校的内容进行深度挖掘。在大量收集相关案例的基础上，学院应组织各教研室对案例进行分类整理，根据各门课程的需求、教学进度及具体内容，对案例进行精确分类，并编写案例目录，以便今后查找和使用，使相关案例能够深入、有效地融入教学过程中。

3.4.3　课程思政团队建设

习近平总书记指出：“高校教师要坚持教育者先受教育，努力成为先进

思想文化的传播者、党执政的坚定支持者，更好担起学生健康成长指导者和引路人的责任。”人力资源管理教师担负着教书育人的重要职责和使命，加之所承担学科较为特殊和重要，因此，人力资源管理专业学科教师必须有担当精神。教师应不断深入探讨本专业各门课程的主要理论体系和相关理念，探究人力资源管理从业者必须具备的核心职业素养和专业品质，并积极探索人力资源管理相关学科与思政元素密切融合的路径，从而在理论研究与教学实践层面取得双向突破。此外，除了传授知识，人力资源管理教师还承担着“育人”的职责。因此，教师应不断提升个人素养，身体力行，自觉践行以德立身和以德施教。

强化教师团队的综合素质建设，是确保人力资源管理课程思政得以有效实施的重要保障。做好专业课程的课程思政，既需要专业教师富有强烈的教育使命和责任意识，强化专业教师对本专业教育内容的内在价值、社会价值的充分认识，自觉将立德树人根本任务贯穿教育教学全过程，也需要加强师德师风建设，提高教师自身思想道德素养，加强教师对社会主义核心价值观的深刻理解。

3.4.4 建立自上而下多维支撑体系推进课程思政建设

人力资源管理学科课程思政建设是一项系统性的工程，因此，需要在学校和学院的引导、支持下开展课程思政建设。首先，在学校层面，应深刻领会并积极响应相关部门对课程思政建设的指导精神，充分认识到课程思政在育人过程中的重要价值和意义。为此，学校要在软硬件方面提供足够的支持，引导学院构建人力资源管理专业的“三全育人”体系。其次，在学院层面，应科学设定切合实际需求的人才培养目标、规划人才培养方案、编制相关教材、设计相关教学方案，并建立一套完善的管理制度，为课程思政融入高校人力资源管理课程提供明确的方向与坚实的支撑。最后，在教师层面，应根据学校和学院的相关制度要求，结合自身的实际教学经验和对职场需求的深刻理解，不断总结经验，探讨将思政元素融入所授课程的最佳路径与方法，从而实现自身教学能力的进一步提升。

参考文献

[1]张驰,宋来.“课程思政”升级与深化的三维向度[J].思想教育研究,2020(2):93-98.

[2]刘玉芬.我国中小企业人力资源管理从业者的职业道德建设研究[J].中外企业家,2020(12):120.

[3]习近平.习近平在全国高校思想政治工作会议上强调:把思想政治工作贯穿教育教学全过程 开创我国高等教育事业发展新局面[N].人民日报,2016-12-09(1).

[4]教育部等七部门印发《关于加强和改进新时代师德师风建设的意见》的通知[EB/OL].(2019-12-16).https://www.gov.cn/xinwen/2019-12/16/content_5461529.htm.

[5]裴培.“课程思政”理念助推高职院校人力资源管理专业学生人文素质课程培养模式[J].营销界,2019(50):241.

[6]王磊.课程思政融入人力资源管理学科教学实践浅析[J].农家参谋,2020(8):296.

[7]习近平.习近平谈治国理政:第二卷[M].北京:外文出版社,2017.

4 财务分析课程思政建设探索与实践

周轶英①

摘要：本研究立足财务分析课程的特点，将教学内容与思政元素有机融合，构建了包含社会主义核心价值观、诚实守信职业道德、文化自信以及可持续发展等思政元素在内的财务分析课程思政教学内容体系，并进一步探索实践了财务分析课程思政教学的具体策略，包括采用2W2H的教学组织模型，融合线上与线下相结合的学习方式；充分利用大学MOOC以及超星学习通中的线上教学资源，同时鼓励师生自建教学案例以丰富和优化教学资源库；通过实施全过程教学评价与反馈机制，提升学生的学习积极性。财务分析课程思政建设旨在更好地发挥本课程在立德树人以及人才培养中的有效作用。

关键词：课程思政；财务分析；课程建设

4.1 引言

2016年12月召开的全国高校思想政治工作会议首次提出“各类课程要与思想政治理论课同向同行，形成协同效应”。2018年5月，习近平总书记在北京大学师生座谈会上提到，思想政治工作体系应贯穿人才培养体系全过程。同年10月，教育部颁布的《关于加快建设高水平本科教育 全面提高人才培养能力的意见》中指出“立德树人，德育为先”，并在2019年下发的《教育部关于一流本科课程建设的实施意见》中明确提出，要深入挖掘各类课程和教学方式中蕴含的思想政治元素。

---

① 周轶英，女，西南民族大学商学院副教授。项目来源：西南民族大学“财务分析”一流本科课程建设项目、西南民族大学“财务分析”课程思政建设项目、西南民族大学“财务报表与企业经营分析”研究生课程思政项目。

财会人才的职业素养与道德水平影响着企业和社会的健康发展。从美国的“安然造假”到国内的“康美造假”，都极大地损害了社会公众的利益。现代经济学之父亚当·斯密在《道德情操论》中指出，经济社会发展的重要前提是从业者必须具备高尚的道德情操。财务分析课程是财会类学生的专业核心课程，对其职业胜任能力的培养起着重要作用。因此，加强财务分析课程思政建设，通过嵌入式、融入式、渗透式等一系列教学改革与创新举措，把价值观培育和塑造自然地融入专业知识的教学过程中。在这一过程中，将思政教育元素贯穿教育教学全过程，力求达到立德树人“如盐入水”般的和谐融入，实现“润物无声”的教育效果。

4.2 财务分析课程思政建设实施方案

4.2.1 改进教学目标

基于“培养什么人、怎样培养人、为谁培养人”这一基本的教育问题，财务分析课程思政教学目标的设定既要考虑学校的人才培养定位，又要考虑本学科要求以及本课程特色，将专业教学目标和思政教学目标融为一体，建立独具特色的目标体系。

1. 知识目标

财务分析课程思政建设的知识目标要求学生在全面掌握财务分析基本理论和方法的同时，还要掌握具体的资产质量分析、资本结构质量分析、利润质量分析、现金流质量分析、财务综合分析以及财务预测分析方法和程序，为财务综合评价和企业价值评估等提供可靠依据。

为了达成上述目标，首先，要求学生了解企业财务报表信息披露的制度环境，掌握上市公司财务报表信息的收集方法以及财务报表的编制方法，以合理认识财务报表信息的内涵。其次，学生需掌握财务报表的分析方法，以合理评价企业财务和经营绩效。在此过程中，应引导学生主动思考宏观经济政策对微观企业行为的影响。最后，财务分析课程改革还应提升课程建设的前瞻性，基于课程的数理统计和信息化特征，将机器学习、大数据分析等纳入课程教学体系。

2. 能力目标

能力目标是专业教学的根本目标，旨在培养学生当前以及未来的职业胜任能力。财务分析课程是学生掌握财会基础以及相关经济、管理基础知识后进阶学习的专业应用课程，需要学生具备分析评价、迁移应用的高阶思维能力，对学生的专业知识运用能力、数据分析能力、实践能力、团队协作沟通能力以及展示汇报和专业交流能力都有较高的要求。一份高质量的财务分析报告还需要学生具备良好的分析结果表达能力。

3. 素质目标

素质目标是课程思政的教学目标。随着我国经济高质量发展的不断推进，社会对财务人员的职业素养和职业操守提出了更高的要求。财务分析课程思政教学目标须坚持“全过程育人”的理念，将价值创造与知识传授和能力培养融为一体。具体而言，课程需围绕培育和践行社会主义核心价值观，深入挖掘课程中所蕴含的思想价值和精神内涵，加强传统文化教育、法治教育、职业理想和道德教育等，通过内容全面、形式多样的课程思政资源拓展课程广度和深度，帮助学生树立正确的人生观、价值观、全局观、爱国情怀和社会责任感，积极应对各种机遇和挑战。

职业道德素养：学生通过学习各种财经法律法规，了解并掌握财经职业道德和职业规范，形成诚实守信、客观公正的职业素养。

社会责任感：引导学生深入了解企业社会实践，关注和客观理解企业经营管理中的现实问题，塑造财会从业者的使命感和社会责任感，树立民族自信心和积极的社会主义核心价值观。

4.2.2 完善教学内容

财务分析课程教学内容体系历经多年实践虽已较为完备，但还在随着学科的发展而不断完善。财务分析课程思政教学应以问题为导向构建进阶知识体系，先介绍解决问题的各种理论和方法，再结合中国实践案例进行具体应用。在此知识体系中，既要注重知识的全面性、科学性和前沿性，还应深挖课程所蕴含的思政元素，如爱国主义、家国情怀、理想信念、价值观、社会责任、品德修养、文化自信以及可持续发展等，并遵循结构完整、充实合理、两性一度的规划思路，将思政教学内容融入专业教学内容中，通过显隐结合，完成内容升华和价值升华的统一。

1. 财务分析概论

财务分析概论课程主要介绍财务分析应掌握的基本理论、方法及其所需要的各类分析信息。财务分析不仅是经济活动不可或缺的一环，其理论和方法也在实践中不断发展和完善。在此内容的介绍中，特别融入了中国历史上财务分析服务于国家治理的经典案例，旨在激发学生的文化自信，使他们深刻认识到财务分析在文化传承与国家治理中的重要作用。通过构建财务分析方法体系的严密逻辑链条，培养学生严谨求实的科学精神。追溯财务分析理论方法的历史演进，体现马克思主义的实践观和发展观。此外，课程还将聚焦我国上市公司信息披露的现状，让学生正确理解我国资本市场及其存在的问题，进而在树立民族自信心的同时加强对职业道德规范的基本认知，提高学生思政素养。

2. 战略分析

通过引入上市公司真实案例进行讨论，使学生深刻认识到，在制定企业决策时，必须全面而准确地把握自身所处的外部环境。如果忽略国家政策导向以及行业发展态势，则可能会制定错误的战略发展方向，使企业陷入发展困境。通过对国情、社情的实际调研，并结合企业具体情况制定企业发展战略，有利于企业发展乃至社会经济良好发展。

战略分析部分虽然不是本课程的重要内容，但对于得出分析结论具有重要影响，需要运用战略分析工具来了解分析对象所处的内外部环境，其中外部环境包括企业所处的政治、经济、社会和技术环境，内部环境即企业的经营、管理、财务等现状及其在行业中的竞争力等。一个企业的经营决策必须考虑其所处的内外部环境。如果企业的发展战略与其内外部环境不符，则可能导致企业经营失败。学生可以通过财报信息了解企业当前的财务战略及其适配性。在对企业进行战略分析时，可运用战略分析案例来验证学生的全局观、可持续发展观等价值导向。

3. 会计分析

会计分析的主要目的是确保会计信息质量的可靠性。分析的主要内容是确认企业所采用的会计政策以及会计估计的合理性，据此分析企业是否存在运用会计手段操作会计信息的可能性。

本部分的教学主要通过对上市公司财务舞弊案例的讨论，分析上市公司出现财务舞弊的原因以及所采用的具体方法，一方面培养学生识别财务舞弊的专业能力，另一方面让学生深刻理解财务舞弊对投资决策、信贷决策以及企业经营发展，甚至国家经济发展的危害，进而树立正确的社会主义核心价值观。本教学环节的授课目标除了让学生学会分析判断企业会计处理的合规性和正确性，还有利于加强学生会计职业道德的培养，以实现德才兼备的教育目标。

4. 财务分析

在财务分析部分，将采用比较分析法、结构分析法、比率分析法等对企业的财务和经营活动进行分析，以得出企业更为全面、准确的财务和经营情况信息。本教学环节利用超星学习通、大学 MOOC 等线上教学平台，结合上市公司具体案例进行课堂分享与讨论。教师先提供一家上市公司的财务和其他相关信息进行课堂讲解，旨在让学生厘清分析思路，掌握分析方法，做出正确的分析判断。通过对相同企业不同时期的纵向比较以及同行业可比企业的同时期横向比较，让学生理解企业各项财务指标的变化不仅与企业自身经营管理相关，还受社会宏观环境、国家财经法规政策以及行业发展态势等外部因素的影响，进而让学生理解要做好财务分析工作，不仅应掌握财务分析相关理论知识，还应了解外部宏观环境和行业发展动态。一个企业要取得良好发展应符合国家政策导向并满足人民生活需求。

课后要求学生分组进行财务分析实践，选择一家熟悉且感兴趣的上市公司进行分析，适时在课堂上汇报分析过程和结论，并邀请其他学生参与讨论，以巩固和检验学生的学习成果。

通过系统讲授财务分析方法和指导学生在真实上市公司财务分析中的实践应用，不仅能够提升学生财务分析专业技能，确保他们达到专业课程的教学目标，还有利于学生树立客观公正、诚实守信的职业素养，以及培养良好的沟通协调能力，达成全面育人的思政目标。

财务分析课程教学内容中的主要课程思政知识点如表 4 - 1 所示。

表4－1 财务分析课程各章节思政元素及教学资源

教学模块	教学内容	思政元素	教学资源
财务分析概论	财务分析理论、方法和信息	社会主义核心价值观，诚信守法，实事求是，职业道德与素养	虚假分析报告给企业、投资者以及金融机构带来损失的时事案例
战略分析部分	企业所处的宏观环境分析、行业环境分析和企业内部环境分析	爱国主义，家国情怀，全局观；社会责任，企业家精神，可持续发展，文化自信	“十四五”发展规划；党的二十大精神；恒大多元化发展战略案例
会计分析部分	会计报表整体分析和报表项目质量分析，识别会计操纵和舞弊行为	诚信守法，实事求是，职业道德与素养	“康美药业”等财务舞弊案例
财务分析部分	企业财务报表分析及财务效率分析	全局观，可持续发展，创新意识，工匠精神，社会责任	海航盈利下滑及过度负债案例
财务综合分析和评价部分	运用杜邦分析法和帕利普财务分析体系进行综合分析	全局观，社会责任，科学精神，职业素养、严谨求实	学生自选上市公司分析案例

资料来源：笔者自行总结。

4.2.3 教学活动与方法的创新

在财务分析课程思政教学活动开展过程中，应以问题为导向，以学生为中心，将知识的获取、理解、整合以及转化应用有机结合起来，培养学生知识建构能力，并通过2W2H的教学组织模型以及混合式的学习过程提升学生知识迁移应用和高阶思维能力。

首先，以问题为导向进行教学组织时采用2W2H模型。其中，第一个“W”是“Why”，即授课前教师通过案例提出问题，引发学生的思考，让其明确需要解决的问题是什么；第二个“W”是“What”，即由教师提出解决问题应掌握的知识点，可以由学生先通过MOOC等线上资源进行学习；第一个“H”是“How”，即由学生运用知识来解决问题，以考查学生的知识迁移能力和逻辑思维能力，在此过程中应融入价值引导；第二个“H”是“How good”，即教师对学生的解题方案进行全面总结归纳，并对相关知识进行凝练提升，进而构建解决问题的方法体系，以形成系统的知识架构。

其次，在教学活动开展时以学生为中心，激发学生的自主学习能力。学生在教学中居主体地位，带着问题对案例进行详细分析，思考解决问题的思路和具体方案，并在课堂上发表自己的思考结论。学生们可以各抒己见，通过头脑风暴激发自己的创新能力。教师则退居讲台后，通过课前布置教学任务、课中掌控教学进度以及课后回答学生问题等方式发挥诊断、评价、整合等辅助作用。在案例讨论时，教师还可以通过分组讨论的形式进一步培养学生的团队协作精神、沟通协作技巧以及强烈的责任感。课程借助学习通平台进行自由分组，共同完成项目案例分析任务。

4.2.4 教学资源与工具的优化

在财务分析课程思政建设中应通过数字化技术赋能教学。首先，在财务分析课程思政教学过程中，可以结合优质 MOOC 资源，利用智慧化本地教学平台，构建立体丰富的线上教学环境。教师通过线上学习平台推送教学视频及案例资源，设置任务点及截止时间，让学生在规定的时间段内在线上完成相关理论知识的学习；通过线上测试检验学生的自主学习效果，对学习中遇到的难题通过在线讨论、提问解决，教师查看并归纳整理学生的学习问题。学生可以在线上学习并在课程互动区进行讨论，教师可通过平台实时统计了解学生的学习和讨论情况、思想动态。这一环节主要是激发学生学习兴趣，培养学生自主学习、独立思考的能力。学生在平台完成任务后还可观看学习拓展知识视频、课程思政自制小视频等资源，师生可通过互动区进行社会热点讨论、交流和答疑，教师还可以通过 QQ、微信等软件平台对学生进行一对一辅导，了解学生的学习情况、关注学生的心理状况，为学生传递正能量。

为了将经济现实与课堂理论教学联系起来，授课案例应体现近年来产生较大社会影响的典型事件。这些案例可以来自一些知名案例库，也可以由教师自行编撰，还可以由师生合作编撰。通过案例分析、研讨及撰写，可以让学生深刻了解当前的宏观环境，培养学生运用本课程知识解决实际问题的能力，为快速适应社会需求做好知识和能力的储备。

4.2.5 教学评价与反馈的改进

在财务分析课程思政建设中应构建定性与定量相结合的教学评价方法

以及多层级的评价标准，旨在“以评促学”。

在教学评价方式上，财务分析课程思政教学采用线上和线下相结合、过程性评价和结果性评价相结合的综合评价方式。其中，过程性评价成绩占比为60%，包括线上过程性评价和线下过程性评价。线上过程性评价主要根据线上学习平台中统计的学生学习时长、参与线上讨论的次数以及线上作业完成情况等进行评定，强调学生平时的参与互动以及课后产出。而线下过程性评价主要采用案例分析和研讨方式进行。学生运用所学的财务分析方法对自己选择的研究对象公司进行战略分析、会计分析、财务分析以及财务综合分析，并在课堂上展示自己的分析结论，其他学生进行点评，教师进行归纳总结，并结合学生互评的结果确定学生的过程成绩。这种根据项目任务完成的分析报告，再通过教师评价和学生互评相结合的方式完成评价，可以实现评价主体的多样性。在过程性评价中，教师应合理引导和加强学生的人生观、价值观、大局观、职业道德意识、可持续发展理念等思想道德层面的认知，将这些宝贵的理念自然而然地渗透进教学的每一个环节，实现潜移默化的教育效果。

结果性评价成绩占比为40%，采用期中线上测评和期末线下考试相结合的方式进行评定。其中，期中线上测评主要以开放性案例分析为主，考查学生知识迁移能力和实践应用能力，增强学生的思辨能力和创新意识。期末线下考试主要考核学生对理论知识点的掌握，以督促学生系统地学习基础理论知识。只有具备了扎实的理论基础，才能提升自己的职业胜任能力。

4.3 结语

财务分析课程思政建设，作为高等教育课程思政建设的积极实践，是一项系统性工程。它不仅要求将课程思政教学目标与自主人才培养目标有机结合，还涉及课程思政教学内容的整体规划、教学组织的科学安排、教学方法的创新实践以及教学评价机制的有效构建。此外，要加强本课程思政建设的顶层设计和平台支撑，提升教师的课程思政教学能力。只有多方位持续推进，才能确保课程思政建设的总体效果。本研究对财务分析课程思政建设方面进行了探索与实践，以期能够为该课程的课程思政建设提供借鉴。

参考文献

[1]江晓珍. 财务管理专业课程和思政融合教学改革研究:以《财务报表分析》为例[J]. 齐齐哈尔大学学报（哲学社会科学版）,2022(2):169－172.

[2]葛菁,李闰春,王林. 基于 OBE 理念的《财务报表分析》课程思政探索与实践[J]. 商业会计,2022(24):119－121.

[3]张玲,宋英慧. 基于 OBE 理念的会计专业课程改革与创新研究:以财务报表分析课程为例[J]. 中国管理信息化,2022,25(24):198－201.

[4]冯丽艳,段姝,王世文. 融入思政元素的“财务报表分析”课程教学内容体系[J]. 中国管理信息化,2021,24(23):187－189.

5　管理类专业课程思政建设研究

——以员工招聘为例

刘　芳　黄闽英　王俊瑞[①]

摘要：随着我国高等教育事业的蓬勃发展，课程思政建设已然成为实现教育高质量发展的关键，高校思政教育工作也逐渐迈入新发展阶段。高校管理类专业课程涉及经济、政治、文化、科技等社会发展的方方面面，自觉将思政要素融入教学内容中，既能充分契合管理类专业的思政育人需求，又能有效提高教育教学质量，增强思想政治的育人力度。本研究介绍了高校课程引入思政元素的必要性，以员工招聘为例阐述了课程教学内容设计、课程案例与课程实践安排，发现和挖掘课程背景和专业知识中的思政元素，探究了管理类专业课程思政元素融入思路与建设路径，以期解决高校管理类专业课程思政建设过程中存在的现实问题，实现协同育人目标。

关键词：管理类专业；课程思政；思政元素；课程建设

2016 年 12 月，习近平总书记在北京召开的全国高校思想政治工作会议上明确指出："要用好课堂教学这个主渠道，思想政治理论课要坚持在改进中加强，提升思想政治教育亲和力和针对性，满足学生成长发展需求和期待，其他各门课都要守好一段渠、种好责任田，使各类课程与思想政治理论课同向同行，形成协同效应。" 2017 年 12 月，中共教育部党组印发了《高校思想政治工作质量提升工程实施纲要》，该纲要主要挖掘育人要素提

---

① 刘芳，女，管理学博士，西南民族大学商学院人力资源管理系专职教师，讲师。黄闽英，女，管理学硕士，西南民族大学商学院人力资源管理系专职教师，副教授。王俊瑞，男，工学硕士，四川大学华西公共卫生学院/华西第四医院媒体中心主任，高级工程师。通讯作者：王俊瑞，E－mail：420983718@ qq. com。项目来源：西南民族大学中央高校基金社科青年成长项目（2023SQN12）；西南民族大学中央高校引进人才科研启动金资助项目（RQD2022005）。

升育人体系，从学校、社会等多方面发挥育人功能。其中强调：“大力推进以‘课程思政’为目标的课堂教学改革，优化课程设置，修订专业教材，完善教学设计，加强教学管理，梳理各门专业课程所蕴含的思想政治教育元素和所承载的思想政治教育功能，融入课堂教学各环节，实现思想政治教育与知识体系教育的有机统一。”因此，引导青年树立正确的思想意识，推进思想政治教育稳步发展，是迎接思潮风暴和纷杂的社会变幻的关键一步。

目前高校课程思政的实践处于初级阶段，理念转化为有效措施还需要在探索中递进。在建设中国特色社会主义的道路中对高校学生展开思想政治教育工作是塑造价值观念的关键环节，为探索思想政治教育展开全新局面而提出课程思政建设，研究开辟出全新的方向，有效地实施课程思政理念将会打破专业课程与思政课程长期以来存在的隔阂状况，对于新时代高校思想政治教育工作的全面推进有着重要的参考价值，也是值得深入研究的重大课题。

5.1 管理类专业课程思政建设的必要性

高校管理类专业课程涉及政治、经济、文化、科技等社会发展的方方面面，管理类专业课程应与思政教育相辅相成，以便更好地为我国社会经济发展服务。因此，管理类专业课程应包含思政元素及其思想和内容，这样才能真正反映中国社会实际发展情况，明确实际发展过程中取得的成果与存在的短板问题，更好地为国家、为社会建设培育优秀人才。具体而言，管理类专业课程思政建设的必要性主要体现在以下三个方面。

第一，课程思政建设有利于提升新时代高校思想政治教育工作的有效性。课程思政的实践工作可以有效地推进高校思想政治教育工作的全面展开。思想政治教育是以马克思主义理论为指导，课程思政的实施能够强化巩固马克思主义理论在各类课程的意识形态领域的指导地位，把握总体思想方向不偏离，牢牢抓住意识形态领域的阵地建设，实现课程内容政治性与学理性的和谐统一。要利用好各类课程的学科资源，探索专业科学的育人功能，将学科知识性与价值性相统一。课程思政的探索阶段所遇到的问题具有多样性，课程思政的进行过程需要因地制宜、因时制宜以及因材施教，而落实好教学目标，做好课程设置，科学利用教材，严格教学管理也是针对教学的统一要求，对此要做到统一性与多样性的融合。课程思政需要思政课教师与各专业课教师相配合，以教师作为主导力量，引导学生从课堂中发现问题，激发学生思考潜能，并指导学生运用理论知识解决实际问题，使学生充分发挥主体作用。在这一过程中，学生不仅能在各类课程中汲取知识，更能利用学到的知识引发对更多问题的探索，进而指导实践。挖掘各类课程的思想政治教育资源正是挖掘课程思政的隐性因素，以显隐结合方式促进育人目标的实现。

第二，课程思政建设有利于提高新时代高校大学生整体的政治素养和道德水平。培育合格的社会主义事业建设者和接班人的重任长久以来由思政课教师肩负。课程思政的提出，正是弥补思想政治教育工作中存在的不足。新时代大学生不仅要具备较高的知识储备，为了社会主义事业的发展，更需要德才兼备、既红又专的新时代青年来合力实现中华民族伟大复兴的梦想。社会经济飞速发展，文化交流日益频繁，网络互联的时代使繁杂的多元文化不断地涌向青年学生，青年学生判断力不足，思想和行为很容易被外界因素干扰。课程思政的有效实施能够使思想政治教育工作更加全面、深入、融合。在学习专业课程的同时，培育学生坚定的政治站位、理想信念，高校的所有教师都应为这一目标积极投入，将大学生的思想理论教育工作常态化。课程思政融入专业课程使思政课教师与专业课教师实现合力育人的效果，实践的结果将有利于大学生整体政治素养的不断提升和道德水平的逐步提高。

第三，课程思政建设有利于推进新时代高校课堂教学改革进程。高校的思想政治理论课在过去很长的一段时间陷入“孤岛化”的困境，思想政治理论课作为培养学生明确的政治站位、正确的价值观念、坚定的理想信念的主渠道，应当主动突破困境。课程思政的创新教学改革推进了将中国特色社会主义理论体系融入教材带进课堂、领悟进脑等教育工作的落实，使思想政治理论课的教学形式因时制宜、因地制宜地进行改变，丰富课堂教学的载体，构建了课程思政的全方面育人体系，为巩固和发展中国特色社会主义制度奠定了坚实基础。落实立德树人根本任务的有效途径是进行课程思政教学改革，全体教师要站在落实立德树人根本任务的高度上，相互协助优势互补，抓好思想政治教育课堂的主阵地，专业课教师要发挥出隐性育人的优势，各自肩负起全员、全程、全方位育人的重任。思想政治教育工作要始终贯穿教育教学的全过程，要让高校的所有课程有“思政味道”，构建思政教育课程体系。同时，需加快对教学内容的融合与创新改革，不断创新育人方式，确保课程思政教育教学的可持续发展。

随着管理类专业课程思政建设力度的增强，面向人力资源管理类课程的课程思政研究与实践受到了越来越多教学团队的关注和重视，成为人力资源管理类课程教学过程中不可或缺的核心环节。员工招聘课程思政的教育目标是在专业课程上融合思政元素的学习，将社会主义核心价值观渗透在课程的每个环节，让学生对思想品德教育进行更深层次的理解与吸收，在不断培养学生的人力资源管理理论素养和管理实践能力的基础上，培养学生的爱国情怀，使学生树立正确的世界观、人生观和价值观。

5.2 课程内容及教学目标

本课程是人力资源管理专业选修课，共计 48 课时，其中 32 课时为理论教学，16 课时为实践训练。本课程教学内容分为六章。

第一章是招聘与配置概述（4 课时），主要讲授员工招聘与配置的基本概念、招聘的基础和基本流程以及员工的合理配置。第二章是员工招聘计划的制订（4 课时），主要讲授招聘计划的前期工作和招聘计划的内容。第三章是招聘渠道（6 课时），主要讲授内部招聘和外部招聘的特点及其优缺点，并对内外部招聘进行比较。第四章是员工甄选的流程与方法（8 课时），主要讲授员工甄选的概念与流程、人员初步筛选相关工作、笔试的优缺点以及笔试的设计与实施过程。第五章是面试的组织与实施（6 课时），主要介绍面试的含义、目标、种类、优缺点、基本步骤，面试观察、评价，以及详细阐述面试问题的设计与处理技巧。第六章是招聘中的人员测评（4 课时），主要讲授人员测评的基础知识、心理测验的方法以及评价中心技术。在每一章的讲授中，都运用了相关的典型案例进行论述和分析，使学生易于理解和加深记忆。

员工招聘课程的教学目标包括以下内容。

（1）培养学生掌握和理解员工招聘的基本概念、流程和方法，重点掌握笔试和面试题目设计的原则和技巧。增强学生的企业招聘活动实践能力，引导学生建立辩证思维模式，激发学生的家国情怀，并培养学生秉持公平正义的高尚品质。

（2）通过课程案例教学，培养学生理论联系实际的能力，不是死读书，而是能将所学知识灵活运用于组织管理实践中，并反过来促进组织管理实践的优化，增强学生的主动意识，提升他们的自学能力。

（3）通过招聘实践训练项目，要求学生以小组角色扮演的方式进行招聘模拟实战训练，在“做中学、学中做”，夯实学生的理论知识基础，提升学生的招聘技能和综合能力。

5.3 思政元素融入课程的思路与方法

员工招聘课程的教学目标不仅包含招聘活动中的基本流程与方法，而且强调挖掘和融合学科背景与专业知识中的思政元素，并将其深度融入理论教学和实践训练中。

本课程综合考虑课程大纲明确的知识、能力、素质要求，在六章的教学内容中分别融入公平、民主、法治、文明、家国情怀、诚信友善、文化自信、爱岗敬业等思政元素。同时，根据具体的教学内容，设计了思政元素的融入方式，力求实现“盐溶于水”般的自然融合，避免刻意强调，而是悄无声息地嵌入各知识点中。

思政元素的来源广泛，包括榜样的力量、时事政治、哲学元素、爱国情怀和人文精神，同时也紧密结合高校自身的办学特色与传承，以及地区的经济特点。例如，本课程在讲解招聘的双向选择原则时，自然而然地引入大学生求职中的实例，结合“人本主义”思想，阐述招聘双向选择过程中应尊重求职者的自由和民主权利，这些贴近生活中的实例对于学生来说更容易产生共鸣，激发其求学、求知热情。随着互联网和交通的发展，员工招聘已经呈现出全球化的趋势。因此，在介绍新时代招聘的发展趋势时，课程会结合跨国就业的案例来进行知识的讲解，从国家民主、安全和强大的角度出发，引导学生辩证地看待国内外工作和生活环境，提升学生的爱国情怀和民族自信，同时培养其独立思考能力和职业规划意识。这样的思政元素融入方式不仅“润物细无声”，而且对于培养学生的认知自信、能力自信和文化自信具有极其重要的作用。

5.4 管理类专业课程思政的建设路径

为实现课程思政与专业知识的深度融合，有效提升课程思政对学生知识、能力、素质等全方位的培养效果，本研究在对员工招聘课程思政元素引入思路和设计方法进行分析的基础上，从师资队伍、教学方案、规划部署、环境氛围四个角度研究探索如何提升管理类专业课程思政建设的有效性，使课程思政不囿于理念层面，能够在实践教学中取得成效。

5.4.1 提升新时代高校课程思政师资队伍的意识自觉

课程思政建设是一项系统性工程，关键在于立德树人，专业课教师先立德，然后再树人，育人先育己。在课程思政建设过程中，专业课教师要“躬身入局，置身事内，知行合一，身心合一”。教师职业本身具有特殊性，需要的不只是能力和经验的累积，更渴求着理想之光、坚定信念、高尚价值观、深沉的爱与广阔格局。教师需先自我完善，再启迪他人。专业课教师是课程思政建设中的教育主体，是课堂教学的第一责任人，是推进课程思政建设进程的主力军，更是课程思政教育教学改革的执行者，专业课教师的课程思政能力直接关乎课堂教学质量高低、教学效果优劣以及立德树人根本任务能否完成。因此，要保障课程思政的平稳发展，就要对全体教师特别是专业课教师提出更高要求。

5.4.2 完善新时代高校课程思政实践的教学方案

鉴于各专业学科各具特色，我们应深入挖掘与本专业紧密相关的思政教育资源，并充分利用校内外的实践基地，旨在构建出各具特色的课程体系，实现“一学院一专业一亮点”的教育格局。这一富有针对性的教学方案需明确纳入各专业的人才培养规划中，确保其与专业教育的深度融合。教学方案一旦确立，就需配以系统化、统一化的教学大纲、精心的教学设计以及科学客观的评价标准等教学文件，为课程思政的有效落实与实施奠定坚实基础。因为课程思政教学方案设计的科学性与合理性，直接关系到学生对思想政治理论知识的深入理解，以及他们在马克思主义理论素养方面的提升程度。我们致力于通过高质量的“课程思政”教学，引导学生在专业知识学习中汲取思政养分，促进其全面发展。

5.4.3 统筹新时代高校课程思政的部署设计

课程思政作为一项重大教育改革举措，目前正处于不断精进与提升的关键阶段，其成效的显著展现离不开相关配套建设的持续优化与完善。为确保课程思政能够切实发挥效用，必须精心规划并统筹部署其整体安排，旨在为具体的实践操作提供明确的规范与指导框架。高校党委应当紧密围绕各校的独特性，因地制宜地推进课程思政工作，力求实现其合理化、规范化的运作。这要求我们从整体上进行优化布局，加大实施力度，确保课程思政的每一步计划都能稳健落地，有力保障其建设进程的顺利推进，从而推动课程思政在高等教育中的深度融合与蓬勃发展。

5.4.4 营造新时代高校课程思政的浓厚环境氛围

环境作为课程思政教学工作系统的外在且既定要素，对其运行与发展具有深远的影响。随着外在环境的变迁，课程思政教学工作系统亦需相应调整以适应新情境。高校积极响应党的教育方针，勇于突破传统，创新教学模式与思路，灵活应对现有环境，积极转化不利因素为有利条件。环境在很大程度上塑造着课程思政工作的成效，同时，课程思政工作的实施亦能反作用于环境，促进环境的优化。为此，需要打破界限，实现课堂教学、校园文化活动、实践体验教育、教学媒体等育人分系统的深度融合与协同推进。各载体间应相互补充，共同构建一个全方位、多维度的育人空间，旨在最大化协同工作的效果，并不断优化协同方法，以实现课程思政工作的最佳实践。

5.5 结语

管理类专业与社会经济发展密切相关，课程思政挖掘空间较大，综合育人功能较强。截至目前，我国管理类专业课程思政建设尚处于全面推进的起步阶段，高校要以久久为功的精神坚决贯彻课程思政的理念，深入探索课程思政教育教学改革的内在规律，不断推进教学方式方法的创新研究，充分发挥课堂育人主渠道的作用，持续提升课堂教学质量与效果，逐步促进各类课程在立德树人过程中形成“共舞中共频”效应，推动习近平新时代中国特色社会主义思想深入人心，培养能够担当民族复兴大任的时代新人。随着对课程思政研究的不断深入，参与的学者也不断增多，目前改革路上存在的问题都会被一步步攻克。道路虽然是曲折的，但结果是丰硕的，未来教育也会与时俱进，大踏步地迈向新的阶梯。

参考文献

[1]习近平．在全国高校思想政治工作会议上的讲话[N]．人民日报，2016-12-09(1).

[2]中共教育部党组．高校思想政治工作质量提升工程实施纲要[N]．光明日报,2017-12-07(1).

[3]陈华栋．课程思政从理念到实践[M]．上海:上海交通大学出版社,2020.

[4]何玉海,于志新．新时代推进高校“课程思政”建设的四个维度[J]．思想理论教育导刊,2021(2):132-136.

[5]徐兴华,胡大平．推进课程思政需要把握的几个重要问题[J]．中国大学教学,2021(5):60-64.

[6]马利霞,赵东海．系统思维视域下构建思政课程与课程思政协同育人体系[J]．系统科学学报,2021(1):47-50.

[7]陆道坤．课程思政评价的设计与实施[J]．思想理论教育,2021(3):25-31.

[8]刘奕琳．推进专业课程开展思政教育的探索与思考[J]．学校党建与思想教育,2021(2): 81-83.

[9]王新华,王娜．论课程思政改革的价值引领[J]．学校党建与思想教育,2021(2):52-54.

[10]蒲清平,何丽玲．高校课程思政改革的趋势、堵点、痛点、难点与应对策略[J]．新疆师范大学学报(哲学社会科学版),2021(5):105-114.

[11]赵晓兵,殷雅辉．课程思政评价体系构建与效果提升[J]．中学政治教学参考,2021(12):20-22.

[12]王英龙,李红霞．课程思政对立德树人成效的影响研究[J]．中国大学教学,2021(12):69-73.

[13]杨秀萍．课程思政与思政课程协同育人:前提、途径与机制[J]．黑龙江高教研究,2021(12): 87-91.

[14]岳宏杰．高校专业课教师课程思政能力建设研究[J]．现代教育管理,2021(11):66－71.

[15]董慧,杜君．课程思政推进的难点及其解决对策[J]．思想理论教育,2021(5):70－74.

[16]陈始发,张丽．论全面提升高校教师课程思政建设能力[J]．马克思主义与现实,2020(5):183－189.

[17]沈壮海．在思想政治工作体系中理解和推进课程思政[J]．教育研究,2020(9):19－23.

[18]王芳．“课程思政”建设中发挥思想政治理论课主渠道作用的探索[J]．教育理论与实践,2020(6):35－37.

[19]尤芳舟．新时代高校专业教师的育人能力建设[J]．现代教育管理,2021(3):60－67.

[20]佘双好．习近平关于高校思想政治工作重要论述的发展过程和基本观点探析[J]．思想政治教育研究,2020(2):7－12.

6　人力资源管理课程思政的意义与融合建议

刘　帆①

摘要： 党和国家历来重视教育领域的思想政治工作，习近平总书记强调要坚持把立德树人作为中心环节，把思想政治工作贯穿教育教学全过程，教育部提出要结合专业特点推进课程思政建设并将课程思政融入课堂教学建设全过程。人力资源管理作为工商管理的核心课程，本身就是与人相关的课程，课程思政建设要以习近平新时代中国特色社会主义思想为指导，以传播中华优秀传统文化和提升学生思想道德为目标，逐步将习近平新时代中国特色社会主义思想、社会主义劳动法规和职业道德等核心要素融入人力资源管理专业课程中。

关键词： 人力资源管理；课程思政；课程融合；核心要素

6.1　课程思政的内涵

思想政治教育是中国共产党的传家宝，是基于马克思主义理论和党的思想政治教育理论构建出来的。党的十八大以来，就如何培养德智体美劳全面发展的社会主义建设者和接班人，习近平总书记指出要把思想政治教育贯穿人才培养体系。在 2018 年全国教育大会上，习近平总书记强调“培养什么人，是教育的首要问题”，要在坚定理想信念、厚植爱国主义情怀、加强品德修养、增长知识见识、培养奋斗精神、增强综合素质六个方面下功夫。这明确了高校课程思政建设的内涵，是以立德树人为根本，以理想信念教育为核心，以社会主义核心价值观为引领，以人的全面发展为关键的教育体系。

---

① 刘帆，西南民族大学商学院讲师，硕士，主要研究方向为人力资源管理。

6.1.1 以立德树人为根本

立德树人首先要加强马克思主义理论教育，用马克思主义的实践观和认识论去引导青年学生思考问题，坚持唯物主义，理解实践是认识发展的现实基础，处理专业学习中的难题，解决生活中出现的问题。其次要加强价值观和历史观的培养，引导青年学生正确认识世界的发展和中国的历史，对国家和自己的未来充满信心。最后要加强爱国主义教育，爱国主义是凝聚全国各族人民的力量源泉，是实现中华民族伟大复兴的保障，是推动我们追逐中国梦的动力，教育青年学生与祖国同呼吸、共命运，培养他们扎根人民、奉献国家的道德情操。

6.1.2 以理想信念教育为核心

理想信念教育是要引导青年学生确立共产主义理想，树立建设中国特色社会主义的理想。在课程中深化社会主义理论的教学，并融入丰富的实践案例分析，让学生发自内心地对中国特色社会主义道路充满信心，培养其道路自信、理论自信、制度自信、文化自信的内心信念，立志肩负起民族复兴的时代重任。同时，要在培养奋斗精神和提升综合素质上下功夫，通过课程建设引导学生树立高远志向，磨砺坚持不懈的奋斗意志，促使他们在充实的学习和实践中，逐渐养成乐观向上、自强不息的积极人生态度。

6.1.3 以社会主义核心价值观为引领

社会主义核心价值观是社会主义核心价值体系的内核，习近平总书记在党的十九大报告中指出，要培育和践行社会主义核心价值观，要以培养担当民族复兴大任的时代新人为着眼点，发挥社会主义核心价值观对国民教育的引领作用，把社会主义核心价值观融入社会发展各方面，转化为人们的情感认同和行为习惯，这就要求高等教育必须把社会主义核心价值观融入青年学生的培养中，包括多方面的内容，如爱国主义教育、国情教育、国家安全教育、民族团结教育、法治教育、诚信教育等。高校需要创新课程思政建设，除了课堂的理论教育，还要引导广大青年学生积极投身社会实践，引导青年学生自觉树立和践行社会主义核心价值观，通过各类实践调研和志愿服务活动，走进社会、走进基层，亲身体验社会生活，主动思考社会问题，培养青年学生的责任心和公益心。

6.1.4　以人的全面发展为关键

马克思主义认为，人的全面发展是指人的劳动能力的全面、和谐、充分的发展，这既包括人的体力和智力，还包括人的思想道德发展。在《共产党宣言》中，马克思指出，人的发展同其所处的社会生活条件息息相关，社会主义制度为人的全面发展提供了必要的社会土壤，在社会主义制度下，每个人的进步都是推动全体人民共同进步的基础。当今世界，各种新知识、新事物层出不穷，作为培养人才的高等学校，课程思政建设要以人的全面发展为核心，应激励学生珍惜光阴，拓宽思维视野，通过学习和实践来培养良好的综合素质，实现全面发展。按照培养德智体美劳全面发展的社会主义建设者和接班人的要求，引导青年学生在综合能力、创新思维、文明素养等方面全面发展，让青年学生精神饱满、人格健全、能力彰显，成为实现民族伟大复兴的关键人才。

6.2　人力资源管理课程思政的意义和目标

人力资源管理课程以人为研究对象，是以了解人的特性与开发人的能力为根本目标的管理类课程。在现实的管理工作中，每个员工的基本要素差异明显，包括性格、能力、情绪、价值观等，通过机械的规章制度把员工的行为强制导向到组织目标方向上的做法将面临越来越多的挑战。而思政工作和人力资源管理工作都是以人为核心的工作，都离不开管理人这个话题，都需要研究人的思想状态。思想政治工作的开展有利于把个体的追求与组织的目标统一起来，弥补管理制度与管理工具过于机械化的缺陷。因此，思想政治课程融入人力资源管理课程中是至关重要的。

6.2.1　人力资源管理课程思政的意义

为培养新时代的人力资源管理人才，高校的人力资源管理课程建设担负重要责任。为了提升学生的综合素养，培养德才兼备的人才，人力资源管理课程的教学改革必须符合时代发展的要求。推动思想政治教育工作的改革创新，促进人力资源管理课程与思想政治教育的深度融合，必须以课程思政的教学理念为背景，打造人力资源管理与思想政治教育的双重育人格局。

从理论层面来看，课程思政能充分利用马克思主义理论与方法拓展教育研究的广度和深度，有利于丰富人力资源管理课程教学内容。通过课程思政与学科专业的有机融合，深入挖掘人力资源管理各模块中的思政教育资源，并遵循思想政治教育的规律，旨在将人力资源管理专业的学生培养成为服务社会主义现代化建设的栋梁之材。

从实践层面来看，课程思政的作用尤为显著。首先，它显著提升了专业课教师的政治素养，要求人力资源管理课程思政建设必须拓宽教师的知识边界，开阔其视野，实现人力资源管理与思想政治教育的无缝对接。因此，课程思政建设促使教师不断创新教学方法，丰富教学资源，同时也为相关专业实施课程思政提供了宝贵的借鉴。其次，课程思政有力推动了人力资源管理教学的改革进程，为教学改革提供了新的视角和思路，进而提升了课堂教学的效果和学生的综合能力。最后，课程思政有助于引导学生形成正确的世界观和价值观，使他们更好地认知世界，为构建社会主义核心价值体系贡献力量。

6.2.2 人力资源管理课程思政的目标

从专业角度来看，人力资源管理的目标是采用各种有效的措施充分发挥劳动者潜力，提高劳动者素质，优化劳动者结构，以促进劳动者与生产资料的最佳结合。人力资源管理课程的目标便是要培养拥有良好企业人力资源规划、培训开发、绩效管理、薪酬管理等技能的管理人才。在课程建设时，需要牢记我国是有中国特色的社会主义国家，人力资源管理课程的目标自然要与国家战略相结合，与社会主义现代化建设相结合，人力资源管理的教学要有坚定的政治思想和觉悟，从国家的人才战略出发制订课程目标，实施具体的人力资源管理教学内容。课程思政建设在于挖掘出思政元素，让人力资源管理课程中的每个模块与思政理论融合在一起。具体而言，目标主要包括三点：以习近平新时代中国特色社会主义思想为指导，加强中华优秀传统文化的教育，提升人力资源管理的专业能力。

第一，以习近平新时代中国特色社会主义思想为指导进行人力资源管理课程思政建设，推动习近平新时代中国特色社会主义思想进教材、进课堂、进头脑的工作。在人力资源管理课程中融入习近平新时代中国特色社会主义的最新理论成果，通过案例分析、讨论发言等方式引导学生思考人力资源管理为新时代中国特色社会主义建设服务的意义，同时鼓励学生广泛参加社会实践，关注现实问题，增强学生对党创新理论的思想认同和情感认同。

第二，将传播中华优秀传统文化作为人力资源管理课程思政的重要目标。新时代人力资源管理人才须具备深厚的文化自信，将中华优秀传统文化融入专业课程，坚定中国特色社会主义道路自信、理论自信、制度自信和文化自信。我国传统文化中关于德才兼备的论述颇丰，应将这些传统人才思想融入课堂，让学生在中华文化的光辉中领悟人力资源管理的真谛，潜移默化地塑造学生正确的管理理念。

第三，提升人力资源管理学生的思想道德水平。在传统的人力资源管理教学中，课程往往更加偏重理论和技能的培养，对学生的理想信念与道德素养的关注相对较少，人力资源管理课程思政建设则更加注重思想道德素养的提升，这是从事人力资源管理工作所必需的。因此，在人力资源管理课程中要注重对思想道德的熏陶，引导学生树立良好的职业道德观。

6.3 人力资源管理专业教学与课程思政的融合

人力资源管理专业教学的关键是开发学生的潜力，提升学生的专业能力，胜任企业管理中员工的选拔、培养、考核、激励等工作。课程思政的核心是树立社会主义核心价值观，用思想道德规范引导学生，用中华优秀传统文化鼓舞学生，引导学生开展符合社会要求的实践活动。在党的革命历程中，始终把人视为社会中最宝贵的财富，人的发展关系到整个社会的发展，企业中人力资源管理的出发点和落脚点都是人，由此可见，人力资源管理和课程思政的核心理念是一致的，是相辅相成的。

6.3.1 融合的阶段

人力资源管理课程思政是以思政为核心，以人力资源管理课程为载体，以习近平新时代中国特色社会主义思想为指引，以立德树人为根本任务，把思想政治教育融入人力资源管理专业课程中，这个课程建设的过程可以分为两个阶段。

第一阶段，实现课程思政潜移默化进入人力资源管理专业课程。课程思政不是直接机械地将思政理论和专业课拼接在一起，而是要相辅相成地进行融合。在课程建设时，不仅要在理论讲授中加入思政元素，在实际的案例教学中也要融入有思政导向的案例。为了进一步强化思政教育的效果，在课堂讨论中积极引导学生围绕思政主题展开思考，在课后作业中有意识地设计包含思政要素的题目，在学生自我实践上也需要给予明确的思政内容指导。总之，在教学的每个环节都要充分融入思政内容，实现课程思政系统化、全面化地进入人力资源管理专业课程。高等教育面向的是大学生群体，大学生群体是国家和民族的中坚力量，是未来发展的持续推动力，将思政元素有机融入人力资源管理专业课程中，能让年青一代从国家发展的大局出发思考问题。

第二阶段，构建思政理论与实际行为相结合的人力资源管理教育模式。检验课程思政效果的最终标准不应局限于学校或专业是否实施了课程思政教育这一表面行为，这仅仅从行为上表明课程思政的进行。从目标管理的角度来讲，最终是否出现了行为的变化，是否实现了思政教育的目标，才是课程思政真正起到作用的标志。在课程思政融入人力资源管理专业课的第二个阶段便是要将理论运用到实践中，用马克思主义的理论观点来解释具体学科中的知识，培养学生的自我意识，清楚地知晓人力资源管理专业的内涵，在学习和生活中表现出积极向上的行为，未来进入职业生涯后能为社会做出应有的贡献。

6.3.2 融合的核心要素

为了使人力资源管理专业课和课程思政充分融合，需要保证几个核心要素的实现。首先，要在人力资源管理专业课程中树立习近平新时代中国特色社会主义思想，这是课程建设的最关键要素。其次，人力资源管理是涉及人的管理学科，人这种资源和其他所有资源最大的不同就是自我价值和自我意识，这使得人力资源管理的方方面面都涉及法律问题，因此树立中国特色社会主义劳动法规的意识尤为关键。最后，我们培养的学生还要具有社会主义人力资源管理职业道德观，既要有职业荣耀感，又要有良好的职业道德规范。

1. 习近平新时代中国特色社会主义思想

习近平新时代中国特色社会主义思想是马克思主义中国化最新成果，

是中国特色社会主义理论体系的重要组成部分，让马克思主义展现出更强大、更有说服力的真理力量。在人力资源管理课程思政建设中，要让学生认识到新时代“我国社会主要矛盾已经转化为人民日益增长的美好生活需要和不平衡不充分的发展之间的矛盾”，人力资源管理的各项功能都对社会主义现代化建设起到积极的作用。此外，还必须在人力资源管理课程中渗透社会主义核心价值观的理念。企业是人力资源管理的载体，在教学中引导学生树立企业核心价值观，培养学生的道德观念和社会责任感，企业不仅要创造利润，还要积极履行社会责任。党的十八大报告强调指出：“倡导富强、民主、文明、和谐，倡导自由、平等、公正、法治，倡导爱国、敬业、诚信、友善，积极培育和践行社会主义核心价值观。”“富强、民主、文明、和谐”是国家层面的价值目标，“自由、平等、公正、法治”是社会层面的价值取向，企业人力资源管理制度建设应以此为指导，“爱国、敬业、诚信、友善”是公民个人层面的价值准则，对员工的选拔、使用和晋升应以此为基本标准。

2. 中国特色社会主义劳动法规意识

首先，人力资源管理专业的教师要牢固树立走中国特色社会主义法治道路的理想信念。其次，在课堂教学中必须将社会主义法治思维传授给学生，通过引入相关的人力资源管理案例，让学生领会法治在实际工作中的重要性。人力资源管理工作中涉及大量法律问题，从招募、挑选、录用、培训到考核、晋升、解聘和退休的每个环节，都需严格遵循劳动法律法规。因此，专业课老师需要加强对《中华人民共和国劳动法》和《中华人民共和国劳动合同法》的教学力度，让学生充分认识到劳动法律的重要性，不仅做到知法守法，还要学会运用法律知识维护自身权利。在以后的职业生涯中才能真正做到尊重他人的权利，并有效保障自身权益不受侵犯，让每一个人力资源管理从业者在学生时代就树立正确的社会主义劳动法规的意识。

6.3.3 社会主义人力资源管理职业道德

职业道德是指在特定职业活动中应遵循的、体现特定职业特征的、调整特定职业关系的职业行为准则和规范。人力资源管理专业的教师应当将马克思主义择业观融入课堂，在讲授理论知识的同时重视培养学生具备社会主义人力资源管理职业道德。首先，让学生了解我国劳动法规的具体内容，帮助学生树立正确的职业态度，在未来工作中能严格遵守职业纪律，保障企业人力资源管理活动的合理性与合法性。其次，引导学生设定职业目标并进行职业生涯规划，通过细致的职业路径分析，让学生对自己选定的职业有充分的认识，在校期间就养成爱岗敬业的精神品质。最后，鼓励学生利用假期参与人力资源管理的实践项目和实习活动，通过亲身体验社会与工作的实际运作，培养良好的职业作风与敬业精神，进而形成积极向上的工作态度和符合职业道德规范的行为模式。

参考文献

[1]习近平．习近平在全国高校思想政治工作会议上强调：把思想政治工作贯穿教育教学全过程　开创我国高等教育事业发展新局面[N]．人民日报，2016－12－09(1).

[2]中共教育部党组关于印发《高校思想政治工作质量提升工程实施纲要》的通知［EB/OL]．(2017－12－05)[2023－05－01]．http://www.moe.gov.cn/srcsite/A12/s7060/201712/t20171206_320698.html.

[3]教育部关于印发《高等学校课程思政建设指导纲要》的通知［EB/OL]．(2020－05－28)［2023－05－1]．http://www.moe.gov.cn/srcsite/A08/s7056/202006/t20200603_462437.html.

[4]孙芬，马璨婧．国家一流专业课程思政建设经验与展望：以人力资源管理专业为例[J]．高教学刊，2022(32)：14－17.

[5]董必荣．论课程思政的本质与内涵[J]．财会通讯，2022(12)：42－46.

7 “五维一体”视域下战略管理课程思政的探索与实践

卢 巍①

摘要：课程思政是将思想政治教育与学科专业知识教育相结合的有机统一体，对于提高大学生的思想觉悟与综合素质十分必要。作为工商管理学科的专业课程，战略管理课程不仅内容广泛，而且属于企业运营的重要组成部分，关系到社会经济的可持续发展。从这个大局观上看，战略管理课程蕴含了丰富的思政育人素材。本研究根据战略管理课程特征、知识特征和教学特征，将其蕴含的思政元素归于政治认同、家国情怀、科学精神、法治意识、职业道德五大维度。

关键词：课程思政；战略管理；政治认同；家国情怀

7.1 战略管理课程的发展

作为工商管理学科的专业课程，战略管理课程在过去几十年经历了不断的发展和演变，以适应变化的商业环境和组织需求。现代的战略管理课程发展呈现新的发展方向，越来越注重综合性、全球化、创新与创业、数字化与技术、实践导向和可持续发展等方面的内容，以培养具有竞争力和领导力的战略管理人。

一是综合性。过去的战略管理课程注重理论和框架的介绍，而现在的战略管理课程更加综合化。它融合了各领域的知识，如市场营销、财务、组织行为等，为学生提供全面的战略管理视角。二是全球化。随着全球化

① 卢巍，黑龙江密山人，副研究员，博士，西南民族大学商学院教师，主要研究方向为绿色创新与城市管理。邮箱：443275949@ qq. com。

的加速，战略管理课程越来越注重培养学生跨文化和国际化视野。它着重教导学生深入理解和有效应对不同国家或地区的商业环境和文化差异，以制定出适应全球化的战略方案。三是创新与创业。创新和创业是组织成功的关键驱动力。因此，现代的战略管理课程将创新和创业纳入教学内容，培养学生的创新思维和创业能力，以应对不断变化的市场需求。四是数字化与技术。数字化与技术的快速发展对组织战略管理产生了巨大影响。因此，现代的战略管理课程将数字化和技术趋势纳入教学，教授学生如何利用数据分析、人工智能等工具来辅助战略决策和管理。五是实践导向。战略管理课程越来越注重实践导向，通过案例分析、模拟决策、实地考察等实践活动，让学生将所学知识应用于实际问题，并培养其解决问题和战略决策的能力。六是可持续发展。可持续发展已成为全球关注的焦点。战略管理课程也逐渐关注组织的社会责任和环境可持续性，教授学生如何在制定战略时考虑社会和环境因素，以实现既可持续又有意义的商业目标。

7.2 战略管理专业的教学体系

战略管理专业教学体系包括核心课程、选修课程和实践环节。

7.2.1 核心课程

学生将学习战略管理的基本原理和框架。课程内容包括战略规划、组织设计、绩效评估和战略执行等方面的知识。通过案例分析和实践项目，学生将了解不同组织面临的战略挑战，并学会制订和实施有效的战略计划。

7.2.2 选修课程

学生可以根据自己的兴趣和发展需求选择不同的方向，如市场营销战略、国际战略管理、创新与创业战略等。这些选修课程将进一步丰富学生的专业知识，并帮助他们发展特定领域的专长。

7.2.3 实践环节

学生将有机会参与实际案例分析、模拟决策和实地考察等，以提升其战略管理能力和解决实际问题的技巧。

7.3 战略管理专业的教学目标

战略管理专业教学旨在全方位培养学生，使他们不仅拥有广阔的战略管理视野，还具备扎实的实践能力。通过系统的培养，学生能够在不同行业和组织中担任战略决策和管理职位，为组织的长期繁荣和可持续发展做出贡献。具体地，战略管理课程的专业教学目标是培养学生具备以下能力和素养。

一是战略思维与分析能力。学生应具备战略思维的能力，能够理解并分析复杂的商业环境和问题。他们应具备运用战略工具和框架进行综合分析和评估的能力，以制订有竞争力和可持续发展的战略计划。

二是决策和创新能力。学生应具备有效的决策能力，能够在不确定和变化的环境中做出明智的战略决策。他们应具备创新思维和创业意识，能够发现机会、解决问题并提出创新的战略方案。

三是领导和沟通能力。学生应具备良好的领导和沟通能力，能够有效地激励和引导团队，协调资源并推动战略的实施。他们应具备清晰和有效的沟通技巧，能够与各级别的利益相关者进行战略对话和协商。

四是跨文化和国际化视野。学生应具备跨文化和国际化视野，能够理解和应对不同国家或地区的商业环境和文化差异。他们应具备跨国界合作和管理的能力，能够在全球化背景下制定和执行战略。

7.4 战略管理的“五维一体”课程思政特征

课程思政具有专业、行业二元属性，是将思想政治教育与学科专业知识教育相结合的有机统一体，它挖掘专业内蕴含的人文精神、先进文化、优秀事迹等思政元素并使之融入专业课程教育。习近平总书记在全国高校思想政治工作会议上强调，“要用好课堂教学这个主渠道，使各类课程与思想政治理论课同向同行，形成协同效应”。因此，在课程教学中融入思政元素，提高大学生的思想觉悟与综合素质十分必要。

工商管理专业人才教育具有明显的社会属性，特别强调在社会主义核心价值观的引领下，加强学生的思政修养、人文社科素养、社会责任感及法律法规意识等综合素养的培养。作为工商管理学科的专业课程，战略管理课程内容广泛，不仅涵盖了基本的理论，而且涉及经济、法律、管理等专业知识和应用。从这个大局观上看，战略管理课程蕴含了丰富的思政育人素材，不仅能够引导学生牢固树立专业思想，而且能够激发他们的社会责任感和勇于担当的精神，对其社会责任感和互助精神的培养具有重要作用。根据战略管理课程特征、知识特征和教学特征，其蕴含的思政元素主要可归于五大维度：政治认同、家国情怀、科学精神、法治意识、职业道德。

政治认同：战略管理课程涵盖了国内相关政府部门、社会组织、研究机构、学者专家的理论研究和实践操作成果；同时，战略管理课程讲述了大量企业战略管理的典型成功案例，体现出中国共产党领导下社会主义制度的优越性和先进性。学生将深刻认识到，一个富强且文明的中国在推动企业战略成功方面扮演着至关重要的决定性角色。这一认知将促使学生形成对支持中国发展与崛起的政治体制及国家意识的强烈认同感。

家国情怀：战略管理课程的教学内容涵盖了大量体现中国政府以爱国爱民为出发点的战略管理法律制度，这些课程内容均成为大学生了解国家国情的重要来源。通过分析中国企业在全球市场上的成功案例，培养学生爱国主义精神，激发学生的民族自豪感。探讨中国政府的产业政策和战略规划如何促进经济发展，增强国家竞争力，引导学生思考企业在国家发展中的作用和责任。在此教学过程中，学生可以逐渐建立起对祖国的深厚情感，从而发自内心地对这片土地充满热爱。战略管理课程中所体现的对国家和人民的浓厚情感，正是家国情怀的生动体现。

科学精神：战略管理课程中蕴含着丰富的与专业内容紧密相连的科学创新元素。通过生动的案例研究与模拟演练，课程展现了企业家精神在推动战略创新、构筑竞争优势中的核心作用，激励学生培养创新思维、勇于冒险、敏锐捕捉机遇，进而激发他们对创业及中小企业发展的浓厚兴趣。课程着重强调人力资本在战略管理中的战略地位，深入探讨如何通过高效的人才管理、培训与发展策略，打造高绩效组织，同时倡导关注员工福祉、促进多样性与包容性，真正践行以人为本的管理哲学。此外，课程鼓励学生挑战传统观念，对复杂问题进行深度剖析，并提出具有创新性的解决方案。通过训练学生收集、分析并解读信息的能力，助力他们做出明智的战略抉择。同时，课程着重提升学生的适应性，使他们在快速变化的商业环境中游刃有余，进一步强化批判性思维与问题解决能力。课程还深入剖析了全球化对战略管理的影响，探讨企业在全球市场竞争中的制胜策略，培养学生跨文化交流的能力，增进对不同文化、价值观及商业惯例的理解与尊重。同时，课程积极引导学生关注可持续发展与全球合作的重要性，培养他们的全球视野与责任感。这些专业知识不仅是对科学创新精神的生动诠释，更为同学们在专业学习中深刻理解与培育科学创新精神提供了坚实的基石。

法治意识：战略管理课程精心整合了近年来相关的法律法规与政策导向，深度收录了我国重大战略管理实践的宝贵经验及深刻反思，这一举措生动映射出中国法治观念的持续进步与法治制度建设的不断完善。在当代文明社会的发展脉络中，法治不仅是维系社会稳定与推动进步的坚固基石，公民法治意识的强弱更是衡量社会文明程度与发展潜力的关键标尺。战略管理课程特别强调了在战略管理中企业社会责任的重要性，深入探讨了企业如何通过践行可持续发展理念、加强环境保护及积极参与社会事务，来创造并累积长期价值，从而有效培养学生的社会责任感。在此意义上，战略管理课程的教学活动本身也成为一次普及法律知识、强化法治观念的过程，对于提升学生的法治意识具有积极作用。通过这一过程，学生不仅能够深刻理解法治精神，还能在实践中积极践行，为社会的和谐与进步贡献力量。

职业道德：掌握不同国家与民族间的体制与文化差异，并据此洞察国际格局下的我国现状与发展趋势，已成为当代大学生不可或缺的核心素养。本课程全面梳理并系统总结了当前国内外战略管理领域的理论精髓与实践智慧，深入探讨了战略管理中面临的道德挑战，诸如利益冲突、不正当竞争及环境损害等议题。课程着重强调了诚信、透明度及问责制在战略决策制定中的核心价值，旨在培养学生的商业伦理意识与职业责任感，引导学生树立正确的诚信道德标准，为其未来在复杂多变的商业环境中秉持高尚职业操守奠定坚实基础。

7.5 战略管理课程思政教学实践路径

战略管理课程具备丰富的课程思政元素和内涵，该课程的服务属性与社会责任属性，同习近平新时代中国特色社会主义思想科学内涵中的人民立场价值核心与指导思想相一致。因此，战略管理课程教学目标不仅着眼于知识和能力的培养，更将思政教育目标深度融合其中。在课堂教学过程中，应采用灵活多样的教学方式，充分体现和强化这些思政元素。以下是战略管理课程思政教学实践的若干路径示例：

通过讲述中国企业在全球市场的辉煌成就，激发学生的民族自豪感与自信心，让他们深刻感受到国家实力的崛起与民族精神的振奋。

借助案例研究与模拟练习，生动展现企业家精神在推动战略创新、塑造竞争优势中的关键作用，激发学生的创新思维与探索精神，培养他们勇于挑战、敢于创新的能力。

深入探讨中国政府的产业政策与战略规划如何有力促进经济发展与国家竞争力提升，彰显中国共产党领导下的社会主义制度在推动国家发展、增进人民福祉方面的优越性与先进性，增强学生的制度自信与文化自信。

着重讨论企业社会责任在战略管理中的重要性，引导学生关注社会公益、关注环境保护，培养他们的社会责任意识与公民意识，让他们成为有担当、有情怀的新时代青年。

强调战略管理中的诚信、透明度与问责制，通过案例分析、角色扮演等方式，让学生深刻理解商业道德与职业责任感的重要性，树立正确的价值导向与行为规范。

分析全球化背景下战略管理的新趋势与挑战，探讨企业在全球市场中竞争的有效策略，拓宽学生的国际视野与全球思维，培养他们具备跨文化交流与合作的能力。

参考文献

[1]刘洁,潘月杰．基于系统思维的课程思政建设有效路径探究:以北京联合大学国际商务专业“战略管理”课程为例[J]．黑龙江教育(理论与实践),2023(1):24－26.

[2]王景峰,王晔．《战略管理》课程融合式教学路径探析[J]．内蒙古财经大学学报,2023,21(2):34－38.

[3]赵娅．高校工商管理类专业课程思政建设探讨[J]．对外经贸,2023(10):98－100,122.

[4]徐礼伯,张雪平．课程思政理念下《企业战略管理》教学策略探讨[J]．产业与科技论坛,2022,21(4):180－181.

[5]臧维,王馨怡,王伟楠．“战略管理”课程思政教学建设探析[J]．北京教育(高教),2023(11):92－94.

8 组织行为学课程思政的教学探索

罗 霞[①]

摘要： 组织行为学课程是管理类专业的核心课程，承载着培养未来管理人才的重要任务，将思政教育元素融入课程教学有助于培养具有远大理想、信仰和责任感的未来管理人才。本研究阐述了组织行为学课程思政的教育意义和基本思路，同时提出了混合式教学、课堂与实践相结合、围绕思政元素开展思辨课题研究以及开展小组活动等组织行为学课程思政实践措施。

关键词： 组织行为学；课程思政；管理专业

习近平总书记在全国高校思想政治工作会议上强调，要坚持把立德树人作为中心环节，把思想政治工作贯穿教育教学全过程，实现全过程育人、全方位育人、全员育人。课程思政是对教书育人的教学本质的回归，是对党领导下的高等教育培养什么人、怎样培养人、为谁培养人等根本性问题的回应。“师者，传道授业解惑也。”自古以来，教育者都应该精于授业解惑，更要传道，即时刻心系国家和民族，不忘肩负的国家使命和社会责任。

组织行为学课程是管理类专业的核心课程，也是管理学的重要分支学科，承载着培养未来管理人才的重要任务。然而，以单纯的知识传授为主要内容的组织行为学教学，已经无法适应时代和社会的发展需要。在组织行为学教学中融入思政教育元素，并通过课程的设计与实施，加深学生对思政教育的认识和理解，同时帮助学生更深入理解和掌握组织行为学相关内容，是推动培养出具有远大理想、信仰和责任感的未来管理人才的重要途径。

---

① 罗霞，西南民族大学商学院教授，主要研究方向为组织行为学。项目来源：本研究得到四川省教改重点项目“新文科背景下人力资源管理专业育人模式改革研究”（项目编号：JG2021－404）的支持。

8.1 组织行为学课程思政的教育意义

8.1.1 培育和践行社会主义核心价值观

组织行为学课程旨在深化学生对管理的理解，揭示其不仅局限于技术操作的范畴，更深刻关联着人的行为动态与管理智慧。此课程精心融合了科学精神的培养、人文情怀的涵养以及社会责任感的树立，旨在全面塑造学生，引导他们形成正确的世界观、人生观和价值观。通过这一学习过程，学生能够在未来的职业生涯中，展现出对组织发展与社会福祉双重负责的思维方式与行动能力，成为具有高度责任感与前瞻视野的杰出人才。

8.1.2 深化职业理想和强化职业道德

随着社会的发展和科技的进步，管理者的责任越来越明显，如何培养出有思想、有担当、有责任的管理人才成为管理专业教学中刻不容缓的任务。组织行为学课程研究组织中人的心理和行为，其教学内容涉及组织中的沟通、合作、决策、领导、文化等多个方面。通过组织行为学学习，可以加强管理专业学生职业道德意识的塑造，为进一步的专业学习和职业发展奠定基础。

8.1.3 提升综合素质

组织行为学作为应用性很强的学科，在教学过程中注重培养学生的综合素质，如沟通能力、团队合作能力、社交能力、创新能力等多个方面。通过这些能力的培养，学生的整体素质得到显著增强。另外，组织行为学强调理论与实践相结合，在实践中培养学生将理论知识应用于解决实际问题的能力，使学生具备较强的实践能力和创新精神，为学生职业发展提供更广阔的空间。

8.1.4 培养家国情怀

家国情怀要求个人具有高度的社会责任感，在实现自身价值的同时也为国家和社会的发展做出贡献，同时家国情怀要求具有民族自尊心和爱国主义精神，对国家和民族有情感认同、自信和尊重。组织行为学课程涉及大量可以结合家国情怀的知识点，如价值观、领导、组织文化、组织创新等，可通过引入我国悠久的优秀文化传统、杰出的企业实践案例、重要人物的感人事迹等激发学生的家国情怀，使他们能够在学习与实践中，不断深化对国家的热爱与对民族的担当。

8.1.5　提高思辨能力

组织行为学课程涉及大量的案例分析和实际问题的讨论，在教学过程中注重培养学生的独立思考能力和批判性思维能力。通过分析组织中的实际问题或工作场所中的案例，学生需要对组织中的决策、合作、领导、冲突等进行深入思考，最终通过理论联系实际、论证和总结的方式得出解决方案。

8.2　组织行为学课程思政的基本思路

8.2.1　智育与德育相结合

将知识的传授与价值引领有机结合，确保在传授组织行为学专业知识的同时，强有力地引领正确的价值观念。这一过程中，德育与智育相辅相成，不仅教导学生如何熟练运用组织行为学的专业知识，使其在激烈的市场竞争中占据一席之地，更着重于立德树人，培养学生的道德品质与高尚情操，旨在培养出既具备扎实的专业素养，又拥有卓越品德的全方位管理人才，实现德才兼备、全面发展的教育目标。

8.2.2　润物无声

在组织行为学的课程内容中，精心挖掘那些能够增强学生政治认同与文化自信的元素，并将其深度融入课堂教学之中。通过采用贴近学生日常生活的话语、鲜活的案例以及易于理解的形式，力求使这些深刻的内容变得亲切而易于接受。不需要繁重的知识储备或复杂的逻辑推理，学生便能轻松听懂、深刻理解，只需稍加用心，便能深刻感受到其中的精髓与价值，从而在潜移默化中增强他们的政治认同感与文化自信心。

8.2.3　教师提升

教师是课程思政建设的主力军，他们需持续不断地学习进取，以提升自身的教学能力和综合素养。通过自主学习、积极参与教师培训项目、深入课程思政研讨活动以及勇于实施教学改革等多种途径，教师们能够不断充实和完善自身的思政教育理论体系，并精进其教学专业技能。这一过程确保了教师能够更加有效地实施课程思政，将思政教育有机融入专业课程之中，实现知识传授与价值引领的深度融合。

8.3 组织行为学课程思政的教学实践

8.3.1 课程思政的混合式教学

混合式教学是一种创新教学模式，它巧妙融合了在线教学与传统教学的精髓，引领学习者循序渐进地迈向深度学习的新境界。该模式充分利用在线教学平台的丰富资源，精心挑选并投放蕴含思政元素的视频内容，以此激发学生的浓厚兴趣与主动参与意愿。同时，将社会时事热点融入线上讨论环节，引导学生深入思考，启迪智慧。借助线上资料丰富多元、形式活泼多样、参与时间灵活自由以及学生自主学习空间广阔等优势，混合式教学不仅极大地丰富了课程内容，更在潜移默化中培养了学生的自学能力与学习主动性，为学生的全面发展奠定了坚实基础。

8.3.2 课堂与实践相结合

在组织行为学的课堂教学中，精心设计课堂与实践相结合的教学方案，采用多样化的教学方法，如案例分析、实地调研、互动讨论、角色扮演等，一方面让学生在实践中巩固和应用课堂中学到的知识，提高学生的综合素质，另一方面通过增加课堂的挑战性和趣味性，吸引学生的注意力，使他们更专注地投入学习，更积极地参与课堂互动，从而激发学生的主观能动性，提升他们的学习效果。

8.3.3 围绕思政元素开展思辨课题研究

选择能将组织行为学知识和思政元素有机融合的点，引导学生从个人和组织层面对所涉及的思政元素进行更深层次的思考，鼓励学生主动探索，参与学术分析和讨论，并从中获得思想教育，这有助于培养学生批判性思维和学术能力。为了增加学习的挑战性和深度，思辨课题被灵活地设置为章节引导问题、章节拓展问题，或是专题讨论的主题，以此激发学生的求知欲，促进其全面发展。

8.3.4 开展小组活动

小组活动在组织行为学课程中占据着举足轻重的地位。它不仅能够极大地激发学生的参与热情和学习兴趣，还有助于学生提升合作与协作能力，促进学生间的深度交流与沟通，使学生学会更有效地表达自己的观点，同时倾听并理解他人的意见。此外，小组活动作为一种高效的学习方式，能够帮助学生更快地掌握所学知识，并提升其在实践中的应用能力，从而深化对课程内容的理解。

小组活动的形式灵活多样，既可以作为课内活动的一部分，也可以作为课外拓展的延伸。通过小组活动，学生能够进行企业访谈、实地考察、社会调查等多种实践活动，这些活动不仅让学生在实践中探索组织行为学的应用与发展，还为他们提供了将理论知识转化为实际技能的宝贵机会。

参考文献

[1]徐全忠,李圆方,刘华. 组织行为学课程思政:价值取向、重点维度与建设路径[J]. 内蒙古财经大学学报,2022,20(6):34－37.

[2]李学荟.《组织行为学》课程思政设计与教学反思[J]. 漯河职业技术学院学报,2022,21(6):93－97.

[3]邵丹萍,段晨颖,赵琦琦,等. 基于课程思政视角的《组织行为学》教学探索[J]. 湖北经济学院学报(人文社会科学版),2022,19(4):144－146.

[4]刘莉芳.《组织行为学》课程思政教学实践探索[J]. 中外企业家,2020,683(21):172,174.

9 课程思政融入财务管理课程教学的路径研究

周 静[①]

摘要：在财务管理课程教学中，坚持立德树人，将思政元素融入课程教学的全过程。在课程思政中，很容易出现“硬融入”“表面化”现象。基于“大思政课”理念，为了不断提升课程思政的针对性和有效性，本研究积极思考课程思政融入财务管理教学的路径，创设了“大小双循环”驱动式教学模式，不仅提高了学生学习的主动性，还提升了课程思政的有效性，充分挖掘社会生活中的教育元素，运用现实生活中的素材丰富思政内涵，实现课程思政入脑入心。

关键词：财务管理课程教学；课程思政；“大小双循环”驱动式教学模式

高校的思想政治教育工作是立德树人的重要内容之一，关系到人才为谁培养、怎样培养的根本问题。因此，要把思想政治教育工作融入教育教学全过程，让高校的各类课程与思想政治理论课程同向同行，由思政课程向课程思政转变，形成教育合力，实现全程育人、全方位育人。课程思政是一种新的教育理念，核心在于将不同学科的思想政治教育资源挖掘出来，将思想政治教育融入不同学科中，贯穿教学的各环节，让思想政治教育形式更加多元化，真正实现高校立德树人的目标。

财务管理是研究企业在资金运作过程中如何做到价值最大化，随着外部环境的变化特别是数字经济时代的到来，如何快速找到对企业有利用价值的信息、如何对财务信息分类处理，成为企业面临的首要课题。在现有

---

① 周静，女，重庆奉节人，西南民族大学商学院老师，副教授，主要研究方向为财务管理理论与实务。项目来源：校级课程思政课程建设项目（项目编号：2022KCSZ026）。

制度下，财务人员管理思想僵化，只是被动地遵从经营者的各项指令，未能充分使用信息化工具进行深入的数据分析。这些都决定了财务管理课程的教学重点是培养学生挖掘财务信息、提升企业价值的能力，但这些环节都离不开广阔的视野、创新的思维，这些恰好是习近平总书记提出的办好思想政治理论课程的关键所在。

9.1 财务管理课程融入课程思政的意义

9.1.1 教学目标的需要

财务管理课程与思想政治教育课程，尽管各有侧重，但其教育宗旨是一致的，均致力于培育德才兼备、业财融合的优秀人才。在大学教育阶段，学生主要通过系统的思想政治课程来锤炼自身的道德品格。传统专业课程往往侧重于专业知识的传授与专业技能的锤炼，而在职业操守与道德观念的培养上有所欠缺。课程思政的兴起，恰是对新时代经济社会发展需求的积极响应，它有力地强化了德育教育，助力学生提升道德修养，构建了以德育为基石的专业教育体系，有效弥补了以往专业课程中专业知识与德育教育失衡的问题。在财务管理课程的学习过程中，持续强调思想道德建设，对于引导学生树立正确价值观、塑造良好职业道德具有至关重要的作用。财务管理课程与思政课程之间存在着高度的契合性与协同性，二者相辅相成，共同促进，这为将课程思政融入高校财务管理教学提供了坚实的基础。

融入了课程思政的财务管理课程教学目标是以铸牢中华民族共同体意识为主线，为民族地区“新经济”发展培养“进得去、留得住、用得上、干得好”的财务应用型人才，可进一步分解成知识目标、能力目标、素质目标、思政目标四个课程目标。

1. 知识目标

帮助学生系统掌握财务管理基本理论、方法和技能等专业知识，了解本学科的理论前沿和发展动态。

2. 能力目标

培育学生运用定性和定量方法，分析及解决复杂财务管理问题的能力，同时激发学生高阶思维能力，提升其进行专业科研探索的必备素养。

3. 素质目标

塑造学生高尚的职业道德情操，培育坚韧不拔的心理素质与卓越的团队协作精神。通过强化实践应用能力，培养既懂理论又善实践的高素质财务管理人才，以满足社会对于应用型人才的迫切需求。

4. 思政目标

培养学生追求真理、崇尚创新、实事求是的科学精神；培养学生家国情怀、服务民族地区的意识。

9.1.2　教学内容的需要

在教学内容安排上坚持立德树人，将课程思政融入课程教学的全过程。在知识传授的同时，进一步强化铸牢中华民族共同体意识。在课程思政的教学内容选择和安排上采取了以下策略。

一是在价值的教学内容中，引导学生正确认识价值，对学生进行思想教育，帮助学生树立社会主义核心价值观，特别是强化爱国情怀的培养。

二是在财务分析的教学内容中，引导学生正确分析社会经济环境，适时融入政治教育，帮助学生增强道路自信、理论自信、制度自信和文化自信。

三是在财务风险管理的教学内容中，引导学生正确认识风险，适时进行道德教育，培养学生的正确道德观念和风险意识。

四是在融资管理教学内容中，“思政课堂”使用2020年的《政府工作报告》：在公共危机严重影响国民经济正常运行的情况下，国家果断采取措施发行抗疫特别债和地方政府专项债，解决特殊情况下的资金缺口问题。不仅教授学生债券融资的种类、功能及作用等专业知识，还引导学生深刻体会爱国情怀、家国情怀、社会责任、创新意识、科学素养等德育元素。

五是在投资管理的教学内容中，对学生进行创新教育，注重培养学生的创新精神、实践能力、创造意识及创业能力。

总之，基于“大思政课”理念，不断提升课程思政的针对性、有效性。通过立德树人，将思政元素融入课程教学，并引入“思政引领”内容，运用日常生活中的素材，特别是针对少数民族学生，进行价值观的塑造与引领，培养出一批能够为民族地区社会经济建设贡献力量的种子力量。

9.2 课程思政融入财务管理课程的路径

建构主义是20世纪80年代末在西方兴起的一种新的认知理论，我国在20世纪90年代开始对其日益关注。建构主义涵盖了知识观、学习观、学生观、教师观等多个维度，是认知理论的重要组成部分。建构主义学习观认为，学习是学生建构知识的过程，知识并不具有决定的正确性，而是根据具体的情境和问题进行具体的分析和学习。同时倡导学习的主体是学生，教学是培养学生主体性的创造性活动。施瓦布在20世纪50年代末提出了“科学即探究”的概念，以及探究性教学和探究中的探究等观点后，探究性教学得以快速推广。探究式教学是指学生在学习的过程中，教师首先创设学习情境，给予学生与学习内容紧密相关的学习任务、问题，让学生自己去主动进行学习，自主掌握相应知识概念的一种教学方法。探究式教学旨在培养学生在自主学习过程中的创新欲望和创新精神。

基于建构主义理论和探究式学习的理念，创新性地提出了“大小双循环”驱动式教学模式，该模式巧妙地将专业教学与课程思政教学相结合，形成一个无缝衔接的教学体系。在这一模式中，学生作为主体，通过层层推进、不断滚动的学习过程，使学习成为一个持续递进、深入探究的旅程。这种教学模式不仅提升了学生的学习效果，还促进了他们全面发展，为培养具有创新精神和社会责任感的高素质人才奠定了坚实基础。

9.2.1 以学生为主体采用“课前、课中、课后”的大循环

把“课前、课中、课后”的教学环节融合成一个整体，做到课前初步掌握，课中有效提升，课后拓展巩固，教学不再局限于课堂中，可以延展到课前与课后。这次课后是下次的课前，形成一个大循环，不仅有利于知识的系统架构，还有利于培养学生的自我学习能力。更好融入社会主义核心价值观、家国情怀、法治意识、社会责任、文化自信、人文情怀、创新意识、科学素养等价值观内容，实现课程的思政融合。

9.2.2 以问题式学习为主线采用“质疑、辩疑、释疑、解疑”的小循环

上一次的解疑是下一次质疑的开始，形成课堂小循环，不断提升学生自我思考及解决问题的能力。在内容上通过案例中的“思政引领”融入价

值引领内容，提升学生的社会责任感、国家自豪感和职业认同感。

在财务管理课程教学中提出的“大小双循环”驱动式教学模式，有利于启发学生自愿学习、自主学习，更好地完成教学目标。这种层层递进、不断循环的教学模式有利于以学生为主体无缝衔接教学内容。

9.3 课程思政融入财务管理课程教学的具体表现

9.3.1 教学内容上的融入

财务管理课程是一门兼具深厚理论与丰富实务特色的学科。在理论层面，它深入探讨了企业如何在追求价值最大化的目标下，围绕资金流动的各个环节，高效地开展筹资、投资、营运资金及利润分配的管理活动；而在实务操作中，该课程则致力于探索企业在应对内外部环境变迁时，如何灵活运用财务策略以更好地实现企业的价值增长。课程内容精心设计，旨在实现理论与实践的深度融合。每章节不仅配备了导入案例与课后案例分析，而且在日常授课中穿插了大量贴近生活的财务实例，旨在引导学生从实践出发，反思理论问题，并运用所学知识解决身边的财务难题，实现理论与实践的相互促进，从而培养学生解析与应对复杂财务问题的能力。在现实社会中，众多企业的倒闭与破产往往归咎于财务人员的违规操作，这些行为给企业带来了沉重的财务风险，甚至导致资金链的彻底断裂。因此，在课程教学中加强思政教育的融入显得尤为重要。不仅要传授专业的财务管理知识，更要强化思想政治教育，将思政教育内容有机融入财务管理课程之中，充分发挥课程思政的积极作用，以期在学生心中树立起崇高的思想道德品质和坚实的职业道德观念，为他们的未来职业生涯奠定坚实的基础。

9.3.2 教学模式上的融入

在财务管理课程思政的教学中采用“大小双循环”驱动式教学模式（见图9-1），引导学生自愿学习、自主学习，更好地完成教学目标。

1. 教学过程采用“课前、课中、课后”大循环

课前：预先提供给学生有关思政教育导入案例等资料，学生熟读并思考问题。

课中：根据“质疑、辩疑、释疑、解疑”循环模式展开课堂教学。

课后：学生完成相关实训，并阅读相关拓展资料和下一次课程的案例内容，进入下一次的课程循环中。

2. 课堂教学采用“质疑、辩疑、释疑、解疑”小循环

质疑：课堂初，学生或教师提出导入案例的疑问，引导学生带着问题去学习，激发学生的学习热情。

辩疑：课堂中，师生之间、学生之间从不同角度进行辩论、讨论，培养学生探究能力和团队协作精神。

释疑：课堂中，学生归纳总结知识，教师提出思考问题、解决问题的思路，引导学生进一步深入思考。

解疑：课堂末，教师引导学生由点及线再到面地去解决疑问，拓宽学生视野，并留给学生课后思考的问题，为引入下一堂课的质疑做好准备。

这种课程思政教学中的“大小双循环”驱动式教学模式以学生为主体，层层推进，不断滚动，使得学习成了一个不断递进、探究的过程。

在这种“大小双循环”驱动式教学模式中，教师可在教学的每个环节融入终身学习与思政教育的理念，帮助学生树立良好的价值观。利用近年来频繁出现的财务造假案例，引导学生认识到职业素养和职业道德在企业财务管理中的重要性。

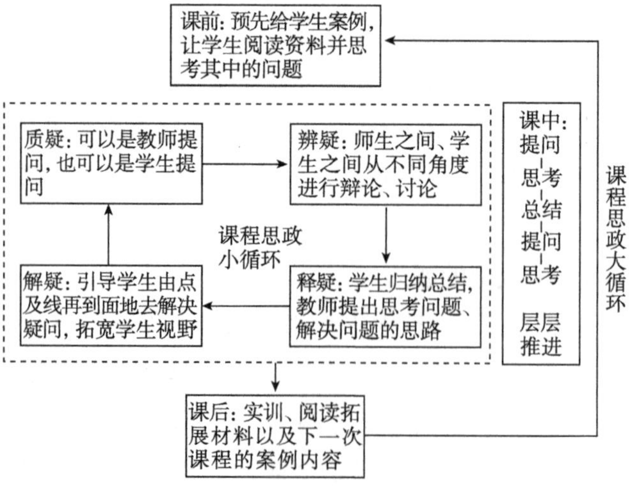

图9-1 “大小双循环”驱动式教学模式

9.3.3　考评机制上的融入

完善考评机制能够有效地发现课程思政在财务管理课程教学中存在的突出问题，及时要求教师改进教学方法，适时调整教学内容，以便达到考核标准。课程思政的考评机制应该包括对师生的共同考评。对学生而言，考评体系需融合财务管理知识的深度掌握、实践技能的熟练运用以及课程思政元素的有效吸收，强调对学生日常行为的持续关注。借助“云班课”这一数字化平台，实现了评价模式的多元化与全程化，通过“学生互评、小组互评、组内自评及教师评价”的多元主体参与，以及“个人抢答、小组讨论、头脑风暴、个人作业”等多样化的线上活动，详细追踪并记录学生的学习进展与成果，确保评价的公正性与全面性。另外，教师的综合考评则依赖于实时反馈的教学数据，以便灵活调整教学策略，实现“评+教”的无缝对接。这要求教师在授课过程中，不仅要系统传授财务筹资、投资、营运资金管理、利润分配等专业知识，更要巧妙地将这些内容与职业操守、价值观、责任感等德育要素相结合，有效推进德育教育目标的实现。通过这样的方式，力求在财务管理课程的教学全过程中，实现知识传授与价值引领的双重目标，为学生的全面发展奠定坚实基础。

9.4　课程思政融入财务管理课程教学的创新

9.4.1　思政育人理念创新

坚持立德树人，将课程思政融入课程教学的全过程。在知识传授的同时，进一步强化铸牢中华民族共同体意识。

9.4.2　教学模式和方法创新

创新性地提出了“大小双循环”驱动式教学模式，该模式以学生为主体，通过层层推进、不断滚动的学习过程，推动学习向更深层次、更广领域探索，从而提高学生的学习积极性，提升学生解决问题的能力。

9.4.3　评价方式创新

运用客观量化评价与主观效度检验相结合、过程性评价与终结性评价相结合的评价方式对学生的知识、能力和价值观进行综合评价。创新性地采用了增值性评价方式进行主观效度检验，运用线上平台的实时学习数据，关注学生在其原有水平上的上升程度，细心观察学生的表现，对学生做出包括职业道德素养在内的全方位的切实可行的评价。

总之，只有在财务管理课程教学中持续融入课程思政理念，才能更好地完成教学目标，培养出具有创新意识的财务应用型人才。

参考文献

[1]李元霞．“三全育人”视阈下《财务管理》课程思政素材挖掘与实施路径研究[J]．湖北经济学院学报(人文社会科学版),2022(3):156－158.

[2]宋晓文．课程思政在“财务管理原理”中的应用研究[J]．商业会计,2022(4):114－117.

[3]张静．“课程思政”视角下财务管理课程教学改革研究[J]．财会学习,2021(32):173－174.

[4]沈鹏远,陈辉．新时代思政教育融入财务管理专业的途径探索:以“财务管理”课程为例[J]．广西民族师范学院学报,2021(4):99－103.

[5]蒋晓改．《财务管理》课程思政实践路径探讨[J]．农村经济与科技,2020(10):388－389.

10 资产评估课程思政的教学设计研究

谢赞春[①]

摘要：针对专业教师在课程思政中的重要作用，我们尝试设计出一个专业教师用好课堂教学的主渠道，在这个渠道中尝试将思政元素融入专业课程中，分析课程思政目前的困境并提出对应的解决建议。本研究以资产评估课程为例，首先梳理了在专业课程中实施课程思政的路径，其次设计了将思政元素融入专业知识点的教学方案，最后积极探索并实施了包括教学方式方法改革在内的多项有效措施，希望可以进一步促进课程思政建设，更好地完成立德树人这一教育的根本任务。

关键词：课程思政；资产评估课程；教学设计研究

10.1 研究背景

新时代的高校要求全体专业教师重新理解思政，在专科课程中融入思政元素，“思政课程”变身“课程思政”，这是时代的要求，也是课程发展必经的过程。当我们重新审视“思政”这个专业术语时发现，这个术语正在经历着前所未有的变革，因此我们有必要重新学习梳理思政课程的逻辑原点，这是研究本课题的理论价值。

本研究的应用价值在于：大学时期是人生发展的重要时期，也是一个人三观塑形的关键期。高校是大学生正确“三观”培养的主战场，如何在日常教学中以潜移默化的方式将正确的世界观、人生观、价值观融入理论教学及实践中，达到“随风潜入夜，润物细无声”的效果，是每一位高校

① 谢赞春，女，管理学博士，西南民族大学商学院副教授，主要研究方向为审计理论、估值理论与实务。

教师的神圣使命。

通过文献综述，我们将课程思政产生及变迁按时间顺序整理如下（见表10－1）。不难看出，课程思政在新的时代，已经被赋予了新的历史使命，在高校的教学工作中，已经产生了一系列的衍生影响。

表10－1　课程思政发展时间表

编号	年份	事件	备注
1	2004	关于进一步加强和改进未成年人思想道德建设和大学生思想政治教育工作的文件	中央文件
2	2012	把立德树人作为教育的根本任务	党的十八大报告
3	2014	率先提出了“课程思政”的理念	上海市教委
4	2016	习近平总书记强调要坚持把立德树人作为中心环节，把思想政治工作贯穿教育教学全过程	全国思政工作会议
5	2017	《高校思想政治工作质量提升工程实施纲要》提出，要梳理各门专业课程所蕴含的思想政治教育元素和所承载的思想政治教育功能，融入课堂教学各环节	教育部党组印发文件
6	2019	强调用习近平新时代中国特色社会主义思想铸魂育人，贯彻党的教育方针，落实立德树人根本任务	学校思想教育政治理论课教师座谈会

10.2　课程思政目前的困境

10.2.1　专业教师认识不足

首先，课程思政本质上是一种全新的教学理念与方法，但很多高校教师并没有意识到这一点，只认为其是思想政治教师的主要上课内容，导致某些高校思想政治教育效果不佳；其次，思想政治课程主要是由学校的马克思主义学院承担教学任务，许多教师就认为政治教育应该由思政课程教师负责；最后，思政课程与通识课程、专业课程之间很难实现融会贯通，思想政治教育日益陷入“孤岛”困境①。

10.2.2　应付式“课程思政”

部分课程为了应付学校职能部门要求，没有认真研读课程体系、挖掘

① 邓晖，颜维琦．从“思政课程”到“课程思政”：上海探索构建全员、全课程的大思政教育体系[N]．光明日报，2016－12－12(8)．

思政元素，而是随意添加编撰，单纯用教学文件中出现“思政”的字眼来应付课程思政。如此一来，专业教师会从主观意识上规避在课程教学中开展思想政治教育，即便有些教师愿意在教学中开展思想政治教育，但是不知道如何开展，只能单纯说教，亦无法达到课程思政的目的。

10.3 解决课程思政目前困境的建议

10.3.1 提高专业教师的认识

从根本上来说，“课程思政”是一种全新的教学理念，它强调所有课程与教师都要承担起思想政治工作的重任，所有课程教学都要上出思想政治课的味道，潜移默化地开展思想政治教育，实现“思政课程”向“课程思政”的转变，建立思想政治课程、综合素质课程、专业教育课程“三位一体”的教学体系，构建全员、全课程的大思想政治教育格局①。因此，专业教师要在认同这个理念的基础上拓宽教学视野，创新教学思维，探索并实践新的教学方法。

由此，在“三全育人”指导思路下，专业教师首先应该加强理论学习，增强理论自信，革新教学思路与方法，把中华民族的优秀传统文化、中国特色社会主义的显著优势以及悠久的历史传承同专业课程有机融合，让学生在专业课程的学习中深刻领悟中国特色社会主义核心价值观、传统文化的智慧理论以及中国社会发展的时代意义。也正因如此，专业教师只有自己认同思政的价值和意义，才能自觉地在课程教学中践行课程思政的理念。

此外，专业教师还需自觉提升自身的德育素养和德育能力。毕竟，打铁必须自身硬，教师的职责不仅在于教书，更在于育人。在育人的过程中，教师亦需不断自我提升，在履行传道授业解惑职责的同时，不断提升自身的德育观念与道德情操，真正实现教书育人的双重使命。

10.3.2 加强专业教师德育意识培训，为专业教师“减负”

高校应切实加强对专业教师课程思政能力的培训工作，旨在消除专业教师将课程思政视为额外要求或负担的误解。为确保专业教师能够高效融

① 高德毅，宗爱东．课程思政：有效发挥课堂育人主渠道作用的必然选择[J]．思想理论教育导刊，2017(1)：4.

入思政教育，首要任务是强化其德育意识的教育与培训，并在教学成果评估中适当融入思政元素，以此促使专业教师认识到，在专业课程中融入思政教育非但不是时间上的浪费，反而具有显著的融合促进作用，能够提升整体教学成果的质量。

进一步而言，要在专业教师群体内广泛树立这一理念的基础上，提升其思政能力与教学手段成为关键。为此，高校需双管齐下：一方面，加强专业教师德育能力的专项培训；另一方面，指导教师结合专业课程的特点与性质，深入挖掘思政元素，并将其巧妙融入专业课程教学中，从而既提升教学成果，又实现“减负”效果。我们的最终愿景是构建一个“课程门门有德育、教师人人讲育人”的课程思政深度融合的崭新局面。

10.3.3 全面客观了解课程思政的创新性

课程思政所展现的是一种创新思维，它表达的是在思想政治等理论课之外的专业课程中融入思政元素[①]，这是颠覆传统专业课程教学思路的想法。新的理念推动专业教师新的思维，新的思维推动专业教师寻求新的教学方法，新的教学方法促使教学达到新的高度，新的高度必然达成新的教学成果，新的教学成果最终完成思政教学的目标。

课程思政元素挖掘“培养什么人、怎样培养人以及为谁培养人”是人才培养的根本问题，国外的有益做法可以借鉴，但从根本上还是得扎根中国大地办教育，坚持社会主义办学方向[②]。众所周知，人才是国之栋梁，人才培养关系国之根本，人才培养的关键是教育，教育的根基在育人，人才培养涉及专业理论培养、专业技能培养、管理能力培养、人格素养培养、人文情怀培养等。

但是整个培养系统都无法剥离思政培养，思政教育贯穿整个体系，课程思政要把爱国情操、国家战略、传统文化等意识层在日常专业教学中输出给学生，让学生从内心接受思政的洗礼，能够高度认同国家意志、国家法律法规、国家上下五千年的优秀传统文化。因此，高校教师团队应深入

---

① 邹香清．“资产评估”课程思政教学的探索[J]．教育现代化，2019(2)：59－62.

② 宋晟欣，雷霞，李映霞．基于教学效果评价的应用型高校“课程思政”教学实践：以管理学课程为例[J]．科教文汇，2020(12)：2.

学习贯彻落实习近平总书记关于高校思想政治工作的重要论述，坚持社会主义办学方向，深刻理解“课程思政”的价值指向，积极开展“课程思政”的理论与实践探索，努力培养德智体美劳全面发展的人才①。从日常教学中挖掘并融入思政元素，譬如融合专业发展历史、融入专业伦理教育、结合形势与政策、创新与实践引导等。

以资产评估课程为例，我们可以结合中国资产评估行业的发展史来介绍资产评估的原因及其重要性；结合社会主义核心价值观来深入讲解资产评估师的职业操守与行为准则；结合法治责任及法律社会来剖析资产评估案例；利用资产评估方法引导学生汲取经验教训，激发他们的创新创业精神；结合房地产评估，融入我国房地产行业发展史，树立学生正确的价值观，培养学生正确的投资理念；结合无形资产评估，鼓励学生支持正版，拒绝盗版，尊重品牌，热爱民族产业，支持国货等。

10.4 资产评估课程思政思考

10.4.1 资产评估课程思政的可行性

资产评估作为现代服务业的核心组成部分，提供智力服务，专业特性强，具有价值评估功能②。资产评估人员不仅具备卓越的职业技能与素养，还需在职业生涯中不断总结经验，勇于创新评估方法，同时坚守社会主义核心价值观中的“敬业”与“诚信”原则，确保评估工作的准确性和公信力。

《中华人民共和国资产评估法》的出台，为资产评估行业搭建了新的发展平台，标志着我国资产评估行业正式迈入依法治理、科学发展的新时代，充分体现了社会主义核心价值观中的“法治”精神。资产评估原则中的独立性与客观公正性，正是对“公正”价值的生动诠释，彰显了行业对于公平、正义的不懈追求。

我国资产评估行业源于防范国有资产流失的迫切需求，随着经济社会的发展，其功能日益丰富，在新发展理念的引领下不断深化拓展，现已在经济、社会、文化、生态、行政、民生等多个领域发挥着关键的价值发现

① 黄闪闪．理工类高校“课程思政”理论与实践探索[N]．天津日报，2021－03－06(2)．

② 黄东，朱林．聚焦德法之思　探索辩论教学：思想政治理论课“金课”建设的思辨之维[J]．北京教育(德育)，2022(5)：38－45．

作用，为投资决策和司法裁判提供了科学依据。资产评估的理念与价值导向与社会主义核心价值观高度契合，为将价值理念融入教学过程提供了坚实基础。

在资产评估学的教学中，我们可以采用多样化的教学手段，如网络视频、案例分析、翻转课堂等，以丰富课堂内容，激发学生的学习兴趣。同时，我们鼓励学生将所学知识应用于实践，通过申报大创项目、参与知识竞赛、聆听专家讲座、开展知识辩论赛、参观评估机构、加入评估机构实习以及参加资产评估师考试等多种方式，深化对课程思政的理解与认同。在教学过程中，我们注重深入了解学生的需求与思想动态，以他们喜闻乐见的方式传递思政理念，确保课程思政取得实效，为培养具有高尚职业道德和专业技能的资产评估人才奠定坚实基础。

10.4.2 资产评估课程思政实践探讨

资产评估课程内容与法律法规、热点时事紧密相关，许多知识点能够融入思政元素，我们通过梳理专业课程与思政元素，找到融合点，利用当前热点时政、真实案例、热门影视、法律法规等与教学知识点有机结合，利用多种课堂形式，实现课程思政教育立德树人的目标。

通过梳理，资产评估知识点与思政元素融合的具体情况如表 10－2 所示。

表 10－2 资产评估知识点与思政元素关系

序号	课程知识点	思政育人元素	教学方式方法
1	资产评估程序	培养学生规则意识	课堂授课＋观看反面案例警示教育
2	资产评估功能	保护国家财产，增强爱国意识	课堂授课＋中国资产评估第一例介绍
3	资产评估方法	创新能力培养	课堂授课＋组织学生申报“双创”项目
4	中国资产评估相关法律法规	增强学生法律法规底线意识	介绍《中华人民共和国资产评估法》和《中华人民共和国民法典》
5	中国资产评估准则	树立民族自信、文化自信	翻转课堂

续表

序号	课程知识点	思政育人元素	教学方式方法
6	资产评估执业准则	培养学生职业素养，尊重职业道德，追求“匠人”精神	翻转课堂
7	资产评估行业管理	加强党风廉政建设	课堂授课+电视剧《突围》片段讨论
8	房地产评估	培养学生关注了解国家政策的习惯，灌输“房住不炒”等理念	组织学生分组用中国城市房价来讨论、辩论
9	无形资产评估	增强学生对知识产权的了解，尊重商标、品牌、商誉等价值，支持正版，从自身做起，反对盗版	翻转课堂+启发学生申报专利

10.5 结语

课程思政是当前高校教学改革的新风向，其理论和实践还在探索过程中，以“价值引领”进行教学组织和管理，将“育德”的教育理念贯穿专业课程教学过程，结合教学实践完善教学评价方法、指标和标准，及时进行总结和反思，能够有效推动立德树人落到实处。

由此，基于课程思政的理念，若要把思政融入专业课程，首先，应该将立德树人的教育理念贯彻落实下去，让每一位专业教师都认同这个教育理念，并愿意落实执行；其次，专业教师要提升思政教学能力和思政素养，结合专业知识，拓宽教育视野，让学生在掌握专业知识的同时也能领略到思政的魅力，从而提高思政水平；再次，专业教师需要充分发掘各类学科及专业课程的思政元素，让思政与专业知识无缝衔接，不能生搬硬套强行代入，确保教学效果积极正面；最后，学生需要理解专业教师，不应对专业课程中的思政产生抵触情绪。思政并非遥不可及的高深理论，而是与我们的日常生活、学习以及未来的职业生涯息息相关。它是塑造身心健康、全面发展大学生的重要力量。我们相信，如果这样去设计一门思政专业课，一定可以完成课程思政的指导思想与教学任务，实现立德树人的宏伟目标。

参考文献

[1]BARBOPOULOS L G, MOLYNEUX P, WILSON J O S. Earnout financing in the financial services industry[J]. International Review of Financial Analysis,2016(47):119-132.

[2]CHO S Y, ARTHURS J D, TOWNSEND D M, et al. Performance deviations and acquisition premiums: the impact of CEO celebrity on managerial risk-taking[J]. Strategic Management Journal,2016,37(13):2677-2694.

[3]HOPE O K, WU H, ZHAO W. Blockholder exit threats in the presence of private benefits of control[J]. Review of Accounting Studies,2017,22(2):873-902.

[4]EDMANS A. Blockholder trading, market efficiency, and managerial myopia[J]. Journal of Finance,2009,64(6):2481-2513.

[5]CHENG M, LIN B, LU R, et al. Non-controlling large shareholders in emerging markets: evidence from China[J]. Journal of Corporate Finance,2020,63(8):101259.

[6]中共中央. 中央金融工作会议在北京举行[N]. 人民日报,2023-11-01(1).

[7]中共中央. 中央经济工作会议在北京举行[N]. 人民日报,2023-12-13(1).

[8]翟进步. 并购双重定价安排、声誉约束与利益输送[J]. 管理评论,2018,30(6):212-226.

[9]祝继高,李天时,YANG T. 董事会中的不同声音:非控股股东董事的监督动机与监督效果[J]. 经济研究,2021,56(5):180-198.

[10]姜付秀,马云飙,王运通. 退出威胁能抑制控股股东私利行为吗?[J]. 管理世界,2015(5):147-159.

[11]李秉祥,简冠群,李浩. 业绩补偿承诺、定增并购双价格偏离与整合效应[J]. 管理评论,2019,31(4):19-33.

[12]李姣姣,干胜道. 定向增发资产注入、资产评估与利益输送:来自中国证券市场的经验数据[J]. 海南大学学报(人文社会科学版),2015,33

(5):38 - 45.

[13]应千伟,韩梦锐,黄丽．并购重组问询函延期答复研究[J]．金融研究,2023(4)：168 - 186.

[14]刘国超,姜楠．新形势下的评估机构职业风险及其应对[J]．中国资产评估,2018(4):10 - 16.

[15]马海涛,李小荣,项君怡．资产评估专业学位教育现代化建设的实践与探索[J]．新文科理论与实践,2023(2):79 - 89.

[16]朱亮,孟宪学．文献计量法与内容分析法比较研究[J]．图书馆工作与研究,2013(6):64 - 66.

[17]刘慧凤,姜苏娱．我国会计教育研究文献评述:基于比较研究视角[J]．会计研究,2015(6):80 - 86,97.

[18]姜楠．关于资产评估学科与资产评估专业定位的思考[J]．中国资产评估,2014(5):10 - 14.

[19]汪海粟,余炳文．资产评估专业学科知识结构的思考[J]．中国资产评估,2012(4):42 - 45.

[20]刘玉平．全日制资产评估硕士专业学位教育若干问题的思考[J]．中国资产评估,2010(8):46 - 48.

[21]刘玉平, 孟冬．资产评估专业学位硕士研究生培养模式探讨:基于中央财经大学的分析[J]．中国研究生,2013(12):43 - 46.

[22]熊伟．基于胜任能力的专业学位教育问题研究:以资产评估应用型研究生(MV)为例[J]．会计之友,2012(15):115 - 118.

[23]李保婵．资产评估学课程思政的探索与实践[J]．中国资产评估,2020(11):71 - 74.

[24]陈海军．关于“资产评估成本法”的教学思考[J]．会计之友,2005(8):46 - 47.

[25]王开田,胡晓明．资产评估专业课程体系构建初探[J]．会计之友,2007(2):59 - 62.

[26]郭昱,李亮．关于企业价值评估案例教学的探讨[J]．财务与会计,2012(8):72 - 73.

[27]余炳文，何煜，王晨璐．无形资产评估案例教学优化研究[J]．中国资产评估，2020(1)：27－31.

[28]冯体一，应尚军，纪嘉凤．《资产评估模拟》实验教学体系重构：以上海对外经贸大学为例[J]．中国资产评估，2019(9)：8－12.

[29]张金娟，吴啸尘，陈洋洋．近10年资产评估专业硕士学位论文选题热点与趋势：基于CiteSpace的图谱量化分析[J]．中国资产评估，2023(4)：65－72.

[30]张静静，李冲，雷扶铧．资产评估专业硕士研究生就业问题探究：基于中央财经大学相关就业统计和访谈[J]．中国资产评估，2018(3)：37－43.

[31]张金娟，杜奎翰，桑叶含．资产评估专业硕士就业状况调查与培养体系优化：以天津商业大学为例[J]．中国资产评估，2021(3)：59－64.

[32]邓晖，颜维琦．从“思政课程”到“课程思政”：上海探索构建全员、全课程的大思政教育体系[N]．光明日报，2016－12－12(8).

[33]高德毅，宗爱东．课程思政：有效发挥课堂育人主渠道作用的必然选择[J]．思想理论教育导刊，2017(1)：4.

[34]邹香清．“资产评估”课程思政教学的探索[J]．教育现代化，2019(2)：59－62.

[35]宋晟欣，雷霞，李映霞．基于教学效果评价的应用型高校“课程思政”教学实践：以管理学课程为例[J]．科教文汇，2020(12)：2.

[36]黄闪闪．理工类高校“课程思政”理论与实践探索[N]．天津日报，2021－03－06(2).

[37]黄东，朱林．聚焦德法之思　探索辩论教学：思想政治理论课“金课”建设的思辨之维[J]．北京教育(德育)，2022(5)：38－45.

11　浅析企业文化课程思政建设

杨熙纯　马昆姝①

摘要： 为推进党的二十大精神进教材、进课堂、进头脑，推动高校的“三全育人”工作，要将思想政治教育与专业课程教育有机结合。在企业文化课程思政建设过程中，首先要明确企业文化课程思政的建设目标；其次要设计企业文化课程思政的建设内容，深入挖掘思政元素，将思政教育贯穿每一章节的教学内容之中；最后可以从提升技能、强调综合、注重协同、创新方法、保障成效等方面实施企业文化课程思政的建设策略，培养具有高尚爱国情操、品行端正、专业知识扎实、富有创新精神的复合型人才。

关键词： 企业文化；课程思政；思政教育；“三全育人”

习近平总书记在全国高校思想政治工作会议上强调：“要用好课堂教学这个主渠道，各类课程都要与思想政治理论课同向同行，形成协同效应。”课程思政是指将课程教育同思想政治理论教育协同融合，把三观教育与专业课程教育实践相结合，践行以立德树人为根本教育任务的教育观。目前在中国大学各类专业课程的教学实践中进行课程思政建设尚处于起步阶段，关于思想政治教育与专业课程教学协调发展的研究并不多，如何在专业课程的教学过程中“润物细无声”地落实思想政治教育工作，是当代大学专业课程教师面临的教学挑战。

为深入贯彻落实习近平新时代中国特色社会主义思想和中央民族工作会议精神，根据教育部《高等学校课程思政建设指导纲要》和国家民委

① 杨熙纯，女，四川达州人，西南民族大学商学院讲师，主要研究方向为企业管理。马昆姝，女，回族，四川眉山人，博士，西南民族大学商学院副教授，主要研究方向为创业行为。项目来源：本文系西南民族大学2023年度课程思政示范课程建设项目《企业文化Ⅱ》专业教育课程的阶段性成果。

《关于以铸牢中华民族共同体意识为主线推进新时代委属高校高质量发展的意见》，在企业文化课程教学中应不动声色地融入习近平新时代中国特色社会主义思想政治元素，使高校的思想政治教育与专业课程教学形成全过程、多维度、有效的联动机制，致力于培养德才兼备的人才。

11.1 企业文化课程思政的建设目标

作为一流本科专业，西南民族大学商学院的人力资源管理专业坚持以立德树人为根本任务，全面贯彻党的教育方针，深化铸牢中华民族共同体意识教育，秉持学校办学宗旨，致力于培养具有人文精神、诚信品质和科学素养，掌握现代人力资源管理的理论和方法，能够在党政机关或企事业单位从事人力资源管理相关工作的高素质应用型人才。

企业文化课程是一门经济管理类专业的选修课程。本课程着眼于人力资源管理专业人才培养目标，将专业理论知识教学目标及思想政治教育教学目标有机融合，构建专业理论教学、思想政治教育、综合素质拓展“三位一体”的协同教学机制。针对企业文化课程每一章节的教学内容，设计契合课程内容的思政元素，利用多种教学方法与手段，在课程教学中协同开展思想政治教育，坚持不懈地弘扬社会主义核心价值观，不断引导、帮助学生提高思想水平、政治觉悟、道德品质和文化素养，培养能够满足社会和市场需求的时代新人。

11.2 企业文化课程思政的建设内容

立足于人力资源管理专业特色和课程教学目标，在企业文化课程教学中体现德育内涵，充分发挥专业课程的价值渗透作用以及对大学生的价值引领作用，将课程思政教育贯穿每一章节的教学内容之中。

11.2.1 第一章导论中的思政教育

通过引入大量中外企业失败和成功的典型案例，结合哈佛商学院、兰德公司、麦肯锡公司和国际管理咨询公司等的研究成果，使学生充分认识到企业文化对企业生存与发展的重要性，明确企业文化课程的学习目标，树立正确的世界观、人生观和价值观。例如，通过讲授华为的狼性企业文化案例，让学生了解中国的民族企业，增强学生的民族自豪感和文化自信，做爱国主义的践行者。

11.2.2　第二章中国传统文化中的思政教育

文化温润内心，文化涵养品德，文化引领时尚。因此，应理解中西方文化观念的差异，在企业文化建设中取其精华、去其糟粕，通过汲取中外文化的精华，建设具有中国特色的企业文化，弘扬中国优秀的传统文化、革命文化和社会主义先进文化，强化学生的“四个自信”“五个认同”意识，有助于培养学生的民族自豪感和家国情怀。例如，分析道家文化在海尔企业文化塑造中的作用以及毛泽东思想在华为企业文化培育中的应用等。

在讲解中华传统文化对企业文化的影响时，强调应传承并发扬中国优秀的、先进的传统文化，使学生树立“中华民族一家亲”“56 个民族是一家”的文化理念，共享“共同团结进步，共同繁荣”“有福同享，有难同当”的中华民族精神，从而强化大学生“四个与共”的中华民族共同体理念，有助于维护国家、社会和经济的稳定发展。

11.2.3　第三章企业文化的定义与特征中的思政教育

通过中外学者的理论研究成果，加深学生对企业文化含义的理解，强调要将马克思主义的人生观、价值观、道德观和法治观与企业价值观相结合，将社会主义核心价值观融入企业价值观、企业愿景、企业使命、企业精神之中，并落实到企业制度文化层、行为文化层、物质文化层的构建中。

理解企业文化的基本特征，以及新经济时代企业文化的新特征，结合习近平新时代中国特色社会主义思想打造企业文化，使企业文化能与时俱进地发展。

11.2.4　第四章企业文化的结构中的思政教育

在企业精神的案例讲解和“时代楷模”的视频学习中培养学生的团队合作精神、顽强拼搏精神、吃苦耐劳精神、爱岗敬业精神、创新进取精神和大国工匠精神；在诚信文化的培育中对学生进行诚信教育；创新文化的培育贯彻了国家“大众创业，万众创新”的政策；在社会责任文化的培育中激发大学生的社会责任感和历史使命感，培养学生的家国情怀和爱国主义精神；以人为本的文化理念的树立有利于大学生在为人处世方面更关注人的因素，更加尊重和理解不同民族的文化、习俗，更有利于民族团结和社会稳定，有助于铸牢大学生的中华民族共同体意识。

11.2.5 第五章企业文化的功能与类型中的思政教育

理解企业文化的正功能与负功能，在企业文化管理中应充分发挥企业文化中正面因素的作用，有效阻止企业文化中负面因素产生的作用。通过正反两方面的案例教学，培养学生的敬业精神和对企业的忠诚度，使个人目标与企业目标一致，促进个人职业生涯发展和企业可持续发展的同时，为中华民族伟大复兴贡献自己的一份力量。

理解不同地域、不同行业的企业文化类型，使学生结合自身的优劣势对自己有一个准确的定位，了解自己适合哪一类型的企业文化，培养学生“务实笃行，行稳致远”的优良品质，帮助学生毕业后成功应聘企业，更快地适应新的企业环境，在企业中的发展如鱼得水。

11.3 企业文化课程思政的建设策略

11.3.1 提升技能

大学专业课程的思政建设，对专业课程教师提出了更高的要求，在专业课程的教学过程中不仅要激发学生对思政教育的兴趣，还要避免课程思政的表面化和生搬硬套问题。教师作为专业课程的主导者和思政教育的引路人，应承担教书育人的职责，不断提升自身的思想政治素质、师德素养、课程思政教学技能和教研能力，优化课程思政设计，更新课程思政教学内容，自觉将铸牢中华民族共同体意识和习近平新时代中国特色社会主义思想融入教书育人的全过程，成为塑造学生品格、品行、品位的“大先生”，努力实现课程思政建设目标和人力资源管理专业人才培养目标。

11.3.2 强调综合

教师应了解马克思主义的一般原理，我国的政治结构、具体国情，以及中国当前的思政教学理论，针对课程专业特色，从爱国主义、法治观念、社会担当、文化自信、人文情怀等方面深入挖掘各类思政元素，“润物细无声”地渗透到企业文化课程内容、课堂讲授、教学活动、课程考核的各环节，使学生在潜移默化中接受思政教育，感受育人的魅力。课程思政还体现在教师的一言一行、一举一动中，因此教师应时刻注意以德立身、以德立学、以德施教，将价值引领、知识教授和能力培育有机结合，培养具有开阔的视野、优良的品德和职业道德、良好的科学人文素养以及文明礼仪素养的应用型人才。

11.3.3 注重协同

应在高校专业课程教学中建立思政育人目标，构建起全员、全程、全课程育人的格局，将各类专业课程教学与思想政治教育有机融合，形成协同效应，相得益彰。具体而言，要注重校内外资源的协同、师资与学生的协同、专业课与思政课的协同、课程建设与培养方案的协同、教学与科研的协同、课程思政文本资源和视频资源的协同、传统课堂教学与新媒体新技术的协同、课内学习与课外实践的协同、思政课小课堂和社会大课堂的协同，从而全面提升学生的思想素质和就业能力，促进人力资源管理一流本科专业建设。

11.3.4 创新方法

“课程思政”在“思政课程”主流思想行动纲领下，坚持一系列方针政策，改革传统的课程模式和教学方式，使理论与实践紧密结合。在课程思政的教学实践中，借助 PPT、视频、微课、网课等多媒体教学工具和平台，积极探索案例分析、情景模拟、角色扮演、头脑风暴、翻转课堂和线上线下相结合等多元化的教学方法，适应市场经济和“互联网 +”环境下课程思政教学育人的需要。例如，引入亲验式教学方法，开展模拟经营等教学实践活动，将灌输式教学转换为启发式教学，将满堂灌的填鸭式讲授转换为引导学生自主、灵活、快乐地学习，增强课程思政的实效性。

11.3.5 保障成效

高校应为课程思政建设提供政策支持和经费保障，构建课程思政建设的支持系统、激励机制和评价体系。鼓励教师积极参加课程思政相关的专题讲座、培训活动和研讨会，承担课程思政教研项目，参与各类课程思政教学比赛，加强与校内外同行专家的交流学习，强化教师对课程思政的理解和认识，增强教师的课程思政建设能力并增加知识储备，让学生在专业教育过程中提升思政素养与专业水平，并结合教学督导和学生的评教结果，总结经验教训，取长补短，不断推进课程思政教学改革，提升课程思政教学成效。应加强师德师风建设，树立课程思政建设典范，大力宣传其优秀事迹，充分发挥典型的示范、辐射、带动作用，在校园内形成良好的课程思政育人氛围。还应严格进行教师的思政与师德考核，将教师课程思政参与情况及实践效果纳入教师与学院的年度考核之中，并将考核结果与年终绩效工资挂钩。

教育兴则人才兴，教育强则国家强。高校应坚持用习近平新时代中国特色社会主义思想铸魂育人，将思想政治教育贯穿专业课程教学的全过程，致力于培养德智体美劳全面发展的社会主义建设者和接班人，引导青年学生在全面建设社会主义现代化国家、全面推进中华民族伟大复兴的新征程上踔厉奋发、勇毅前行。

参考文献

[1]习近平在全国高校思想政治工作会议上强调　把思想政治工作贯穿教育教学全过程　开创我国高等教育事业发展新局面[J]. 实践(思想理论版),2017(2):30 – 31.

[2]盛春艳. 课程思政背景下高职院校外语课教师课堂教学敏感研究:以衢州职业技术学院为例[J]. 科技视界,2020(9):54 – 56.

[3]娄迎军. 基于开放教育企业文化课程思政教学改革的思考与探索[J]. 甘肃广播电视大学学报,2021, 31(6):17 – 21.

[4]刘平. 网络语言在“专业课程思政教学”中的理性运用[J]. 科技视界,2019(35):132,157 – 158.

12　大数据时代下的税务会计课程思政育人模式探究

何　娜①

摘要： 本研究主要探讨在大数据发展的现实背景下，如何在教学过程中有意识、有效地从“信息与网络安全”“职业责任感”“诚信守法”等视角对学生进行思想政治教育。依托新技术发展案例、大数据理论、相关国家税收政策、税收实务发展及财会专业教育的发展方向构建坚实的理论基础和逻辑起点。在此基础上，充分利用线上教学、案例教学、信息技术的丰富资源优势，对原有的税务会计课程体系做出评价，设计符合“思政教育”主旨的、基于“智能大数据”的“线上 + 线下”税务会计课程思政教学体系框架和相关实践措施，拟为相关“线上 + 线下”教学模式改革提供一定的依据和参考。

关键词： 大数据；税务会计；课程思政；育人模式

党的十八大以来，习近平总书记提出了建设网络强国和数字中国的战略思想。在此思想指引下，中国大地正在发生一场伟大的数字化革命。以云计算、大数据、人工智能等为代表的数字化技术已成为数字中国建设的重要内容。大数据的发展，为我国财税学科的转型升级带来了千载难逢的机遇。借助信息通信技术进步的赋能，财税工作者可从烦琐性、附加值低的日常工作中解脱出来，将宝贵的时间和精力聚焦于更具创新性、更高附加值的工作。但也必须清醒地认识到，信息通信技术进步在带来机遇的同时也带来了巨大的挑战。例如，如何处理数据权属、数据安全、数据造假等，如何通过确认、计量和报告程序，将数据、算法、算力等无形资源转

① 何娜，西南民族大学商学院讲师，主要研究方向为资本市场审计研究、公司治理。项目来源：西南民族大学 2023 年校级一流本科课程建设项目“税务会计”。

化为无形资产，如何在税收学科发展中融入更多的技术元素等，这些都是我们需要深入思考的问题。

基于此，本研究旨在从大数据发展的现实背景出发，从“信息与网络安全”“职业责任感”“诚信守法”等视角对税务会计课程思政元素进行挖掘，并依托新技术发展案例、大数据理论、相关国家税收政策、税收实务发展及财会专业教育的发展方向构建坚实的理论基础和逻辑起点。在此基础上，充分利用线上教学、案例教学、信息技术的丰富资源优势，对原有的税务会计课程体系做出评价，设计符合“思政教育”主旨的、基于“智能大数据”的“线上＋线下”税务会计课程思政教学体系框架和相关实践措施，拟为相关“线上＋线下”教学模式改革提供一定的依据和参考。

12.1　税务会计课程思政建设的必要性

税务会计区别于财务会计的一个最重要的特点是以国家现行税收法令为准绳，必须在国家现行税法的范围内进行会计政策选择。信息通信技术的进步，带来了商业模式的创新，商业模式创新反过来又为信息通信技术进步提供了应用场景。进入大数据时代，得益于信息通信技术进步的赋能，商业模式创新浪潮汹涌，对税收学科的未来发展产生深远的影响和挑战。挑战之一在于，平台作为大数据时代的最重要商业模式创新之一，如何对其进行公平课税以防止税收转移，已成为税务机关重点考虑的问题。挑战之二在于，税收风险管理的难度系数随着大数据的推进不断加大。随着社会经济的发展，纳税人的数量也在不断增加，企业朝着智能化、国际化发展的趋势愈加明显。挑战之三在于，如何发挥碳税在倡导绿色发展、促使企业向环境友好型方向发展时的重要税收杠杆作用。这些挑战对于学生学习税务会计课程而言，都是大数据时代下不可绕开的重要税务课题。

12.2　税务会计课程思政教育目标

12.2.1　在知识传授的过程中实现与立德树人的育人目标有机结合

税务会计课程是西南民族大学商学院会计学专业、财务管理专业的选修课程。以往该课程的教学中注重知识点的讲解和涉税计算能力的培养，要求学生通过教师的讲解了解、掌握我国十八个税种的概念、征税范围、应纳税额计算和申报缴纳等，以及企业涉税的会计处理，能够理解税会差异的产生并采取解决措施。而如果从思政角度看待本门课程，除了传统的教学目标，立德树人的目标也是当下课程教学的深层次目标。税务会计课程和税收法律法规的结合非常紧密，这就要求从业人员具备遵纪守法的责任意识，不虚开发票，不做假账，保持严谨务实的工作作风；从税务和企业经营高度相关的角度，关注国家经济发展形势和时政新闻、要闻，培养学生的社会参与意识、历史使命感和社会责任感；从税务和个人生活紧密相关的角度看，依法纳税是每个公民应尽的义务，同时是培育和践行我国社会主义核心价值观，公正、法治、爱国、敬业和诚信的体现。

12.2.2 培养为我国社会主义现代化建设服务的优秀、专业、严谨的财会人才

作为一门专业选修课程，税务会计课程的教学目标是培养学生具备扎实、过硬的专业知识。所以在教学中，教师要不断更新专业知识，关注国家经济、税收政策的变化，关注税法和会计准则的差异以了解如何进行调整等，结合现实企业中发生的涉税事项进行案例教学，增强学生对企业缴税问题的感知。同时，提醒财会专业的学生对财会、税收工作始终要保持敬畏之心，不断强化职业道德意识；不做假账，真实、客观地进行纳税申报，不偷税、不漏税。在加强理论知识学习的同时，设置相应的虚拟仿真实践环节，例如让学生实际操作增值税普通发票和专用发票的开具，实实在在地感知企业的真实业务流程，理论联系实际，真正做到不虚开发票，理解企业业务流、发票流和资金流必须一致。为社会主义现代化建设培养一批具有依法纳税意识和严谨务实职业素养的优秀财会人才。另外，还要提醒学生不断提高自身综合素质，包括语言沟通、团队协作、分析判断等多方面的能力，以便更好地胜任职业要求，保障财务信息的安全性和真实性。

12.3 税务会计课程思政教学框架分析

税务会计课程是一门与国家经济政策、企业会计准则规定紧密相关的专业性课程。围绕课程思政的建设目标，可以将本课程的课程思政教学框架分为三个层面。第一个层面侧重于以法治意识观念的树立为目标，理解

“税收取之于民、用之于民”的实质，真正做到依法纳税，如实申报纳税、遵纪守法、诚信纳税。第二个层面侧重于激发学生勇于承担社会责任，以每周涉税时政新闻关注为起点，了解国家经济形势、税收政策、会计制度等变化，关注企业的发展，增强学生的社会参与感和时代责任感，将其培养成具有历史使命感的新人才。第三个层面为符合社会主义核心价值观的个人价值观塑造，引导学生关注企业和个人在创业创新方面的所得税优惠政策，关注个人所得税专项附加扣除的改革，明确家庭的发展和个人发展密不可分，让学生感受到国家保障民生的决心和力度。具体结合税务会计课程中主要的教学内容，建立了税务会计课程思政的教学框架，如表12－1所示。

表12－1　税务会计课程思政教学框架

主题	思政元素	思政目标	路径
税务会计概论	1. 诚信守法； 2. 法治意识； 3. 学史明理、学史增信、学史崇德、学史力行	1. 引导学生树立诚信纳税的守法意识； 2. 明确纳税是每个公民应尽的义务	通过列举乡村振兴背景下农村发展等案例，启发学生思考税收在满足人们公共需要中的作用
增值税	1. 民族自豪感； 2. 工匠精神； 3. 社会主义法治	1. 培养学生的家国情怀； 2. 社会责任； 3. 培养学生专注、敬业等职业责任感	1. 拓展讲解增值税改革历程； 2. 结合增值税计算与申报实例，引导学生树立严谨务实的工作精神； 3. 结合时政讲解增值税留抵退税政策
消费税	1. 理性消费； 2. 可持续发展观	引导学生树立理性和可持续消费的理念	1. 从消费税“寓限于征”的理念出发，讲解消费税开征的意义； 2. 了解烟酒、高档化妆品等物品消费税率，明确消费税调节消费的功能
企业所得税	1. 创新意识； 2. 关心国家时事、大事、政策等； 3. 企业信息与网络安全	1. 从企业所得税角度了解国家对企业创新的大力支持； 2. 了解企业所得税的优惠政策，感知税收政策与国家战略息息相关	1. 案例解析：研发费用加计扣除的税收政策下企业能节省的税款计算； 2. 企业所得税优惠的重点领域解读

续表

主题	思政元素	思政目标	路径
个人所得税	1. 依法诚信纳税； 2. “以人民为中心”的思想	1. 引导学生树立底线意识，依法诚信纳税； 2. 认识个税调节贫富差距的功能	1. 网红、明星偷税漏税的典型案例导入，告诫学生要敬畏法律，依法纳税是每个公民应尽的义务； 2. 结合个税专项附加扣除优惠政策升级的时政新闻，让学生感受到国家保障民生的决心和力度

12.4 税务会计课程思政实施路径

12.4.1 重设课程目标，加大线上课程思政力度

首先，需要确立清晰的人才培养目标，特别是在智能制造与大数据蓬勃发展的背景下，如何借助“科技赋能”的力量推动创新，成了税务会计教育的新课题。因此，在当前的新形势下，税务会计课程的教育应当深度融合科技元素，不仅注重知识的传授，更要强调思维方式的转变与实际操作能力的提升。这要求课程设计上既要体现理论知识的深度与广度，又要紧密结合实践，通过嵌入真实的税务应用场景，让学生在实际操作中理解并掌握税务会计的精髓，实现理论与实践的无缝对接，从而培养出既具备扎实理论基础又拥有创新思维和实践能力的税务会计专业人才。未来的税务会计人才是复合型人才，如“制造 + 管理”“科技 + 会计”，需要学生多元化发展。因此，大数据背景下应用型本科高校税务会计课程培养目标为，培养多元化的应用型智能财税人才及具备技术、税务、会计专业知识的专家型人才。

其次，构建基于“智能大数据”的税务会计专业课程体系框架。该体系框架以大数据背景下税务会计学专业人才培养目标为导向，侧重于“数字经济下的税源管理”“数字服务税”“碳税开征”等方向实施线上课程的知识拓展。这是完全区别于传统税务会计课程体系的新型课程体系，强调通过线上教学资源的应用来加强学生对信息技术知识的汲取，目的在于为适应大数据时代的发展输送复合型、应用型、专业型财会人才。

要想实现该体系框架，可以充分利用线上教育平台，实现优质资源共

享。从线上第一课学习“数字经济下现代服务业的增值税税源监控”开始，让学生认识到在数字经济快速发展的背景下，税源的隐蔽性日益增强。通过剖析现实中的企业案例，揭示税源监控体系缺失可能导致的税收流失问题，强调税务机关工作人员必须利用新一代信息技术，构建全面、系统的税源监控体系，提升税源监管的信息化水平。同时，在专业学习中，教师应将爱岗敬业的思政元素融入教学内容，积极培育和践行社会主义核心价值观，引导学生将个人价值融入国家发展大局，热爱自己的职业和岗位，热爱自己的祖国，自觉将爱国、敬业、诚信、友善等信念内化于心、外化于行。

12.4.2 线下教师赋能，丰富育人渠道

通常来说，价值塑造只有在面对面的教学情境下才能真正实现。线下课堂教学的秩序感和威严感能够促进学生维持长久的注意力集中，师生在教室面对面交流能促进双方的情感共鸣。因此，线下教学时教师要充分发挥自身在课程思政中的专业优势，为线上课程思政充分赋能。利用以学生为主的翻转课堂教学方式，在课堂活动中积极鼓励学生分享知识、讨论问题等，由传统的教师知识灌输转变为学生主动参与，变单向教学为师生互动。一方面，思政环节通常设置在课程刚开始阶段，选取典型性、易于学生理解、贴近真实情境、与课程内容高度相关的思政案例进行导入，使学生在潜移默化中感受到思政教育的力量。另一方面，教师还应在课堂上灵活创设思政教育的即时情境，在讲解合适的知识点时，引导学生通过讨论、合作、协作等方式完成案例分析，进一步加深理解。同时，结合我国民族高校的特色，将铸牢中华民族共同体意识的思政元素融入其中，不定期围绕特定的思政主题组织专题讨论、演讲、竞赛、社会实践等丰富多彩的活动。这一举措旨在解决线上课程思政元素开发不足、与学生现实生活脱节的问题，使课程思政更加鲜活、生动，并紧跟时代步伐，满足学生的实际需求。通过思政教育如春风化雨般的滋养与熏陶，使学生在无形中实现个人品德与专业素养的双重提升，为他们的全面发展奠定坚实的基础。

12.4.3 更新教学理念，线上线下全程育人

教师以其深厚的学识与正直的品行，作为课程思政最鲜明的素材，应

全面融入并引领整个课程教学活动中。教师坚定的政治信念与优雅的言谈举止，为学生树立了追求高尚人格的榜样，于学生价值观塑造的关键时期，提供了强有力的正面引导。在大数据浪潮席卷之下，学生获取知识的途径已远远超越了传统的线下教学范畴。对此，教师应敏锐捕捉互联网时代的机遇，精心策划视频教程、精选案例，不断更新教学素材，借助学银在线、智慧树等线上学习平台，发布丰富多样的课前预习与课后复习资源，并设立讨论专区，促进师生间的即时互动与问题解答，以此培养学生的独立思考能力与创造性思维。此外，通过实施远程无监考考试，得以在实践中开展诚信教育，引导学生深刻理解道德自律与信守承诺的重要性，从而培育出诚实守信的优良品质。翻转课堂、小组合作、团队辩论等多样化的教学方式，则有效激发了学生的集体荣誉感与责任感。同时，通过平时成绩的累积、知识点竞答、财经新闻分享等活动，学生得以认识到上进心、竞争意识以及勇于表达自我对于个人成长的关键推动作用。在日常教学中，也不忘强调并批评刷课、替考等不良行为，使学生在掌握专业知识的同时，树立起合规合范的意识，坚守道德诚信的底线。如此，学生在课程学习中不仅能够获得知识的滋养，更能在品德修养上实现质的飞跃。

12.4.4 重构课程评价体系，提升课程思政实效性

在课程评价体系中融入思政考查项目，不仅能够精准评估学生对课程思政内容的接纳程度，还能有效激发学生对课程思政的重视与投入。线上学习平台所累积的数据资源，全面记录了学生的学习轨迹，为课后作业的提交与反馈提供了便捷途径。首先，可以设置课后小论文撰写环节，鼓励学生将所学知识与思政元素相结合。例如，在讲解税收征管的属地原则时，引导学生从文化自信的角度深入探讨该原则的内涵与意义；在阐述关税的概念及征税依据时，则可结合中美贸易战的背景，分析关税在其中的作用，并探讨作为负责任大国应有的应对策略。这样的作业设计，既加深了学生对专业知识的理解，又促进了其思政素养的提升。其次，在课程结束时，通过思政问卷的形式，可以深入了解学生对教师讲解的思政内容的接受程度，以及这些思政内容是否对其行为规范产生了积极影响，并具体探讨这些影响是如何体现的。这不仅有助于教师对一学期课程的思政教学效果进

行总结与反思，也为后续的教学改进提供了宝贵依据。最后，在期末考核方式上，不应局限于传统的试卷考试，而应鼓励学生提交课程论文，将思政内容有机融入学科知识考核之中。这种多维立体的考核方式，既能全面检验思政教育效果，又能促使学生将学习成果转化为更高层次的人生格局，从国家、社会乃至人类进步的高度去审视与思考学科知识的价值。通过这样的评价方式，旨在培养出既具备扎实专业知识，又拥有高尚思政素养的复合型人才。

参考文献

[1]黄荷菱,杨莉贞.《税法与税务会计学》课程思政教育的探索与实践[J]. 现代商贸工业,2021,42(26):3.

[2]刘纬纬,刘洋,李荣香,等. 基于 MOOC 的混合课堂教学模式研究:以税务会计为例[J]. 现代经济信息,2020(12):173－175.

[3]王倩倩. 基于 BOPPPS 教学模型的“税法”课程思政元素融入研究[J]. 云南农业,2023(8):49－52.

[4]肖明芳,徐伟,李岩岩. 审计国际化专业《税法》课程思政建设与实践:以南京审计大学 ACCA 项目为例[J]. 财会通讯,2022(24):30－33,89.

13 课程思政视角下教学改革路径探析

——以社会保障学课程为例

晋　邑[①]

摘要：课程思政是新时代课程教学改革的发展方向，然而目前课程思政实践与专业教育割裂等问题日益突出。如何以专业课程课堂为阵地，探索教学改革路径，成为高校思政教育必须回答的问题。考虑到社会保障学的独特思政价值，本研究深度挖掘其思政元素，并提出实施路径，以期为高校各类专业课程开展思政教育提供参考与借鉴。

关键词：课程思政；思政元素；社会保障；实施路径

习近平总书记在党的二十大报告中明确指出，“完善思想政治工作体系，推进大中小学思想政治教育一体化建设”。高校作为锻造青年的大熔炉，有效的思政教育能够助力有理想、有道德、有文化、有纪律，坚定正确世界观、人生观和价值观的新时代青年的培育。因而，如何以专业课程课堂为阵地，探索教学改革路径，成为高校思政教育必须回答的问题。

社会保障学课程主要讲授社会保障基本概念、理论基础、制度体系、制度沿革及法制管理等理论与实务，是人力资源管理、社会保险学等的专业必修课，在专业人才培养中具有举足轻重的地位。已有的课程思政实践呈现出专业教育与思政教育“两张皮”、授课教师思政意识和思政能力不足、实施成果缺乏评价等典型问题。现有社会保障学课程思政的研究为教学设计改革、思政元素挖掘提供了一定研究基础，但专门探索社会保障学

---

① 晋邑，女，西南民族大学商学院讲师，管理学博士，主要研究方向为创新管理。

课程思政，结合教学情境的研究仍然有待提高。因此，本研究主要剖析社会保障学课堂的思政价值、结合点，提出推进社会保障学课程思政的具体路径。

13.1 社会保障学课程思政建设的独特价值

马克思指出，“人们所奋斗争取的一切都同他们的利益有关，思想一旦离开利益，就一定会使自己出丑”。这就要求思想政治教育工作从实际出发，密切关注群众的现实关切和利益诉求，关注社会热点和民生问题。凡是脱离现实的教育，将变成空洞的说教，不仅不能取得良好的思政教育效果，反而可能引起教育对象的反感和抵触。

高校学生虽以专业教育为主，但他们的视野并未局限于校园之内，公共政策的波动，尤其是那些触及社会现实的议题，虽非直接作用于他们日常学习生活的全部，却绝非无关紧要。相反，正值青春年华、心怀热忱的高校学生，往往对社会现实问题保持着高度的敏感与热情，他们的赤子之心极易受到舆论风向的牵引。在社会保障领域内，诸如医疗健康、城乡融合发展、老龄化等话题，经由网络舆论的催化，常能迅速吸引大学生的目光，成为热议的焦点。若缺乏适时且正确的引导，这些讨论有可能误导他们对社会政策乃至社会正义的认知与判断。社会保障学专业教育，因其与社会运转的紧密联结，自然而然地承载了独特的思政建设使命。它不仅关乎理论知识的传授，更在于引导学生以正确的视角审视社会保障问题，培养其社会责任感和正义感。

尤为值得一提的是，社会保障问题直接触及高校学生及其家庭的切身利益，如五险一金的缴纳、灾害救助的申请、最低生活保障的获取等，这些都是大学生步入社会后可能面临的现实问题。这些议题因其贴近性，更容易引起大学生的共鸣，激发他们的学习兴趣，触动他们的情感深处。这为社会保障学课程开展课程思政提供了得天独厚的条件与优势，只要善加利用，定能在学生的心中播下正义与责任的种子，促进其全面发展。

13.2 社会保障学课程与思政教育的结合点

为解决现行课程思政中出现的“瓶颈”问题，切实推进专业教育与思政教育的结合，深度挖掘社会保障学课程的思政教育元素成为关键。社会保障学课程由社会保障总论（体系构成、制度沿革、社会保障资金、保障水平等）和分论（养老保障、医疗保障、就业保障、最低生活保障、农村扶贫开发等）两部分构成。针对总论与分论的内容特点，分别凝练出以下思政元素。

13.2.1 社会保障制度沿革与中国特色社会主义制度

通过从世界范围内回顾社会保障制度的萌芽、发展与变革，梳理中国古代、近代与当前社会保障制度的思想和体系，有助于理解我国社会保障制度体系的构建基础。我国社会保障制度体系建设是中国特色社会主义制度的重要组成部分，为实现经济快速发展和社会长期稳定奠定了坚实的基础。新中国成立70多年来，社会保障事业经历了从创建奠基、曲折动荡、改革探索、制度重构、加速普及到全面完善的过程。改革开放以来，随着中国特色社会主义制度的不断完善，我国社会保障事业发展取得举世瞩目的成就。各项保障制度逐步健全，覆盖范围从小到大，保障水平稳步提高，服务能力明显提升，覆盖城乡居民的多层次社会保障体系基本建立，保障民生的社会安全网不断织密扎牢，走出了一条中国特色社会保障道路，也为全球社会保障制度变革提供了中国经验。

13.2.2 最低生活保障、农村扶贫开发与社会公平

承袭中国古代社会保障思想，扶危济困、兜底保障一直是我国社会保障制度的重要组成部分。对困难社会成员实施最低生活保障体现了社会公平与正义。目前，我国经济社会快速发展，物质资料逐步丰富，决战决胜脱贫攻坚和全面建成小康社会的目标已然达成，全民小康的目标要求最低生活保障发挥社会最后一道安全网的重要作用，必须给生活在最低生活保障线下的社会成员提供满足其基本生活需要的物质帮助，使其摆脱生活困境，保障他们最基本的生活水平。同时，巩固和拓展脱贫攻坚成果，振兴乡村，通过“授人以渔”的方式，帮助生活困难的社会成员增强自我发展能力。此外，随着城乡融合发展战略的深入实施，城市与农村在最低生活保障方面的差距正逐步缩小，部分经济发达地区已经迈出了最低生活保障城乡一体化的坚实步伐，为实现社会保障制度的公平与普惠奠定了坚实基础。

13.2.3 灾害救助与无私奉献精神

“一方有难，八方支援”一直是中国特色社会主义的显著优势。从2003年的“非典”、2008年的汶川地震到2020年的新冠疫情，在灾害面前，无数坚强的身影以不怕牺牲、无私奉献的伟大民族精神一次次地战胜了艰难险阻。国家一直重视建立健全自然灾害救助制度，向基本生活受到自然灾害严重影响的群众提供生活救助与心理疏导服务。因为灾害的严重后果不仅会威胁社会成员的生命财产安全，造成社会财富的巨大损失，更在深层次上影响着社会成员的心理和精神状态，对社会生产的恢复和发展产生深远的负面影响。我国在中国特色社会主义制度的保障下，逐步构建了一套完善的受灾救助体系，可以充分利用公共资源并调动救助人员，通过为灾民提供基本生活资料、医疗救助和心理支持，帮助其脱离灾难和危险，以健康面貌面对生活。

13.3 推进社会保障学课程思政的实施路径

在深度挖掘社会保障学课程思政元素的基础上，本研究进一步探索推荐社会保障学课程思政的具体实施路径。

13.3.1 重塑教学设计

好的教学设计是课堂教学成功的关键。合理的课程思政元素的嵌入，能够起到“润物细无声”的作用。在教学内容设计上，详略得当，多考虑与学生切身利益相关的知识点，减少部分悬浮、不切实际的内容探讨，引发学生的兴趣与好感。在教学工具上，有效结合数字媒体、案例资源等，讲好中国故事。在作业布置环节，综合运用信息检索、实践调研、思考讨论等形式，将社会保障理论内容与实践相结合，进一步提高学生的学习质量，加深对思政教育内容的理解。

13.3.2 灵活自然地开展思政教学

课堂教学是联结学生与教师，开展思政教育的主阵地。在课堂教学中，授课教师可探索“小班化”教学模式，因材施教、因势利导，结合数字化教学工具，从丰富的社会保障案例教学库中选取针对性强的思政教育资源，或者结合时效性强的民生事业建设重大事件引导学生观察生活中的社会保障专业知识。概言之，就是要以教授的专业知识点为载体，以学生喜闻乐见的方式方法，灵活自然地对学生开展思想政治教育，在强化学生专业知识学习的同时使其了解国家政治生活、民生建设成果，激发学生的专业课程学习兴趣，潜移默化地完成思想政治教育。

13.4　结语

课程思政是新时代课程教学改革的发展方向。鉴于当前社会保障学课程思政的研究和实践资源相对有限，本研究提出了社会保障学的独特思政价值，尝试挖掘社会保障学课程的思政元素，并提出实施路径，对于切实推进课程思政建设，培养具备扎实专业能力、有崇高理想的高校学生具有现实指导意义。

参考文献

[1]邵云飞，刘露遥．课堂教学视域下课程思政理论与实践的探索：以《创新管理》课程为例[J]．电子科技大学学报(社会科学版)，2022，24(3)：99－105.

[2]赖志杰，李春根，方群．论社会保障学的课程思政价值与实践路径[J]．社会保障研究，2022(2)：95－102.

[3]王作宝，王学工，李冬雪．“社会保障学”课程思政教学改革探析[J]．黑龙江教育(高教研究与评估)，2022(6)：74－76.

[4]李春根，仇泽国．高校课程思政元素的挖掘与育人功能：以《社会保障学》为例[J]．中共南昌市委党校学报，2021，19(1)：52－55.

[5]文太林，张金峰．课程思政视角下的教学改革探索与实践：以社会保障学为例[J]．甘肃教育研究，2021 (6)：108－111.

14 高校新媒体营销课程思政建设与实践

陈小艳①

摘要： 依托新媒体营销课程教学，按照教育部颁布的《高等学校课程思政建设指导纲要》，结合新媒体营销课程内容和特色，以案例和实战项目为思政载体，将课程划分为新媒体营销概述、新媒体营销准备、新媒体营销文案创作、新媒体图文营销、新媒体短视频营销、新媒体直播营销六项教学项目。精心开展教学设计，利用案例分析、任务驱动、现场教学等教学方法，将思政元素有机融入教学全过程，以期为新媒体时代下新商科专业的课程思政建设与实践提供参考。

关键词： 新媒体营销；课程思政；教学改革

习近平总书记在2016年12月召开的全国高校思想政治工作会议上指出，“要坚持把立德树人作为中心环节，把思想政治工作贯穿教育教学全过程”。教育部在2020年5月印发实施《高等学校课程思政建设指导纲要》，明确提出要深入梳理专业课教学内容，结合不同课程特点、思维方法和价值理念，深入挖掘课程思政元素，有机融入课程教学，达到“润物细无声”的育人效果。将课程思政融入高职院校商科类课程体系，是课程改革的需要。大学是世界观、人生观、价值观形成的重要阶段，对大学生开展思想政治教育尤为重要。本研究结合新媒体营销课程的内容和特点、所确立的教学目标，深挖思政元素并将其融入课堂教学中，帮助学生了解相关专业和行业领域的国家战略、法律法规和相关政策动向，引导学生深入社会实践、关注现实问题，从而实现专业课程育人的目标，为国家培养德才兼备的商科人才。

---

① 陈小艳，西南民族大学商学院讲师，主要研究方向为信息产品运营、数字产品设计与定价。

14.1 新媒体营销课程概述

14.1.1 课程简介

新媒体营销是新商科教育环境下，各新商科专业的专业技能课。在学校商学院，新媒体营销是面向市场营销类专业开设的专业选修课，共32学时，2学分，其中理论学时16学时，实践学时16学时，在大三下学期开设。课程培养的技能人才包括但不限于新媒体营销专员、新媒体营销运营专员、新媒体营销策划经理等。课程以马克思列宁主义和习近平新时代中国特色社会主义思想为指导，秉持立德树人根本目标，培养德智体美劳全面发展和具备较强的新媒体策划、运营、推广能力的复合型高技能人才。

14.1.2 课程目标

1. 知识目标

掌握新媒体营销的核心理论知识，初步具备执行新媒体营销实务操作所需的专业基本技能；深入理解新媒体营销团队的构建要素与框架，能够根据团队组建原则，精准挑选合适的成员，并明确新媒体营销人员必备的基本素质及其提升路径；精通新媒体营销的用户、内容与平台定位策略，熟悉新媒体营销策划模式，能够独立撰写新媒体营销活动的策划方案；洞悉新媒体营销文案的独特魅力与多样化类型，培养文案创作的创新思维，并通过系统训练掌握文案创作的高效方法；掌握图文营销内容标题设计的思路与方法，熟悉新媒体图文的撰写技巧，包括配图选择与排版艺术，以及图文在站内外的有效推广策略；深入了解短视频内容策划的方法与注意事项，熟练掌握短视频制作的关键环节，并熟悉其多样化的推广渠道与方式；了解直播营销的定位方法与主流模式，熟悉各类直播引流推广的渠道与类型，能够流畅执行直播活动的基本流程，确保直播营销活动的成功实施。

2. 能力目标

具备通过查阅文献及网络资源，全面掌握各类新媒体平台（包括但不限于入驻门槛、推荐算法、传播特性等）基本情况的能力，从而精准筛选最适合所服务企业或产品的平台；能够根据新媒体团队成员的选择标准，有效组建一个高效的新媒体营销团队；擅长进行新媒体营销的用户定位、内容策划与平台选择，能够基于不同新媒体平台的特性，制定富有创意的营销策划方案；能够撰写多种形式的营销文案，包括产品描述、营销推文、推广文案及导购指南；熟练运用头条、微信个人账号及微信公众号等平台，开展图文营销活动；能够在抖音、快手、小红书、B 站等热门视频平台，策划并执行短视频营销活动；具备组织带货直播的能力，能撰写直播脚本，制定直播方案。

3. 素质目标

培育具备高尚品德、坚守底线、严于律己的新媒体从业者职业道德观；塑造追求卓越、爱岗敬业、勤勉不懈的工匠精神与职业素养；倡导积极向上、乐观进取的工作态度，并培养良好的工作习惯；强化组织协调与团队协作的能力培养，以应对复杂多变的媒体环境；鼓励不断学习新媒体领域的前沿技术与工具，激发学生的创新思维与开放务实的探索精神，推动他们在实践中开拓创新；着重训练学生的逻辑思维与表达能力，使他们能够精心编制新媒体营销方案、流畅进行汇报演讲及高效组织项目实施；要求学生具备扎实的专业功底，具备持续自学与业务精进的能力，确保在快速变化的新媒体行业中保持竞争力；通过分享充满正能量的案例，激发学生的社会责任感，树立服务社会、回馈社会的崇高理念，培养他们成为既有专业技能又富有社会责任感的优秀新媒体人才。

4. 课程思政目标

秉持坚定的政治立场，坚决拥护中国共产党的领导，怀揣深厚的爱国主义精神，根植家国情怀于心；树立对构建数字中国、科技强国、网络强国的坚定信念与责任感，培育对中华民族的深厚自豪感，善用新媒体平台讲述家乡故事，为乡村振兴添砖加瓦，从而涵养经世济民的家国情怀与职业风范；增强新媒体营销从业者遵守法律法规、规范经营的法治观念；坚定对中国制造、中国品牌的自信，坚持理论与实践相结合，厚植家国情怀；培养“义利合一”的商业伦理与诚信意识；树立鲜明的民族品牌观念，讲好“中国故事”，广泛传播中华优秀传统文化的精髓；锻炼学生去粗取精、明辨是非的能力；养成关注时事热点、民生疾苦与国家大事的习惯；引导学生利用短视频弘扬社会主义核心价值观，遵循公序良俗，坚守道德底线；

引导学生理性审视短视频内容，辨别真伪善恶，培养高尚的审美情趣；引导学生通过短视频传播真善美，讲好“中国故事”，传播中华优秀传统文化；激励学生将所学知识应用于实践，关注民生福祉，积极参与电商兴农、科技助农行动，为乡村振兴贡献力量，以此进一步厚植家国情怀，让青春在奉献中绽放光彩。

14.2 新媒体营销课程思政元素融入

14.2.1 新媒体营销概述

1. 思政要素

正能量、守底线、有德行、守法纪的新媒体职业价值观；

“四个自信”、民族自豪感；

岗位责任、职业使命和职业品格；

经世济民的家国情怀。

2. 思政案例

案例 1：网络强国战略；

案例 2：脱贫攻坚的新力量；

案例 3：中国“新基建”5G 中国标准。

讨论：新媒体从业者如何坚守职业道德。

3. 实践任务

专注“国货品牌”的新媒体营销现状，要求学生以小组为单位收集一个具有代表性的“国货品牌”新媒体营销案例，并分析该方案的主要特点与所采取的营销策略，绘制出案例分析的思维导图。

14.2.2 新媒体营销准备

1. 思政要素

开放进取的营销视野；

理论联系实际的方法论；

“中国制造”“中国品牌”的大国自信；

战疫中的大国担当、民族精神；

大学生的责任意识与担当精神。

2. 思政案例

案例1：咪蒙道歉折射出的自媒体内容定位乱象；

案例2：《人民日报》关注新媒体营销乱象；

案例3：一封跨越国度的平安日记——战疫中的新媒体。

讨论：直播带货频“翻车”，越火越要守底线。

3. 实践任务

专注“讲好家乡故事”，要求学生通过实地调研、深入讨论，精选出代表自己家乡特色的优质农产品或知名旅游景点开展营销策划，撰写一份新媒体营销策划方案。

14.2.3 新媒体营销文案创作

1. 思政要素

“义利合一”的商业伦理精神与诚信意识；

民族品牌意识；

“中国故事”中蕴含的中华优秀传统文化。

2. 思政案例

案例1：浦发银行信用卡借势“凉山英雄”引争议；

案例2：产品信息误导夸大宣传引发的“辛巴燕窝事件”；

案例3：LILY：中国传统文化赋能国货品牌。

讨论：新媒体用词的法律约束。

3. 实践任务

专注“讲好中国故事”，要求学生针对青梅酒品牌“梅见”，撰写一篇导购文案并排版成文。

14.2.4 新媒体图文营销

1. 思政要素

去粗取精、去伪存真、明辨是非的判断力；

关注时事热点、民生问题和国家大事的良好习惯。

2. 思政案例

案例1：600岁故宫成为新晋网红，你知道它有多努力吗?

案例2：《人民日报》：32张海报，传递温暖的力量；

案例3：《送你一张船票》：描绘建党百年恢宏画卷。

讨论：新媒体图文创作严防侵权。

3. 实践任务

专注“非遗传承”，要求学生利用网络搜集当地的非遗名录，通过访谈等形式深入挖掘非遗背后的动人故事，并且要求学生整理文字和图片素材，结合时事热点，为当地非遗产品创作并发布一篇新媒体图文。

14.2.5 新媒体短视频营销

1. 思政要素

理性对待短视频作品、明辨是非黑白、培养高雅格调；

通过短视频传播真善美；

通过短视频讲好“中国故事”，传播中华优秀传统文化。

2. 思政案例

案例1：以积极健康的内容赋能短视频生态；

案例2：坚守底线，短视频才能“长发展”；

案例3：警惕短视频的负面效应；

案例4：李子柒式短视频走红海外。

讨论：短视频的营销价值。

3. 实践任务

引入“某贫困村农产品销售困境”这一难题，要求学生通过短视频营销帮助该村推广农产品，让优质的农产品借助新媒体的力量走出深山。

14.2.6 新媒体直播营销

1. 思政要素

学以致用、关注民生；

电商兴农、科技助农；

助力乡村振兴，厚植家国情怀。

2. 思政案例

案例1：多名网红被曝直播售假；

案例2：直播违规引流须禁止。

讨论：直播营销中哪些“红线”绝对不能碰？

3. 实践任务

专注“直播助农”，要求学生选取自己家乡的代表性农产品或旅游资源，策划并实施一场直播活动。

14.3 新媒体营销课程思政教学实施

14.3.1 案例分析

案例教学法作为一种高效的教学策略，不仅能够促进学生间经验与认知的共享，拓宽他们的社会视野，还能有效激发他们解决社会问题的热情与能力。本课程精心挑选了一系列与教学内容紧密相关且富含教育意义的经典案例，并创造性地将这些案例整合为“行业故事”“热点辨析”“电商兴农”“法制专栏”四大主题，使之系统地贯穿于每个教学单元之中。“行业故事”主题，主要通过讲述近代中国各地商人的精彩传奇来展现了他们丰富的经营智慧与处世哲学，旨在引导学生深入挖掘并总结中华优秀商业文化的内容，拓宽视野，感悟时代精神，弘扬中华优秀传统文化。“热点辨析”主题，则侧重于将时事热点中的思政元素融入课堂，通过小组讨论、课堂辩论等形式，引导学生对热点话题进行深入辨析，从而在思维的碰撞中树立正确的价值取向、商业诚信与职业道德，以适应新媒体时代的发展需求。“电商兴农”主题，旨在让学生深刻理解新媒体在推动乡村振兴中的重要作用，培养他们利用新媒体工具与技术助力乡村建设的家国情怀与爱国奉献精神，为美好乡村的未来发展贡献力量。而“法制专栏”主题，则通过剖析新媒体营销行业的乱象，增强学生的法治意识，引导他们自觉遵守新媒体平台规则及相关法律法规，共同维护一个清朗、健康的网络空间。

14.3.2 任务驱动

任务驱动教学法以建构主义教学理论为基础，通过让学生完成教师精心设计的、隐含着教学内容的任务，建构真正属于自己的知识和技能。在新媒体营销课程思政教学改革中贯彻任务驱动教学法，一方面，引入企业的实际问题和真实项目，根据新媒体营销岗位的典型工作情境，将项目细化为若干个隐含着教学内容的子任务，通过分析任务—拆解任务—实施任务来开展教学。另一方面，将与教学内容相关的思政元素巧妙地融入任务设计中，使学生在完成任务的过程中自觉提升思政素养。

在新媒体营销概述项目中，专注“国货品牌”的新媒体营销现状，要求学生以小组为单位搜集一个具有代表性的“国货品牌”新媒体营销案例，并分析该方案的主要特色和所采取的营销策略，引导学生树立民族品牌意识。在新媒体营销准备项目中，专注“讲好家乡故事”，要求学生通过实地调研、深入讨论，精选中代表自己家乡特色的优质农产品或知名旅游景点开展营销策划，撰写一份新媒体营销策划方案，引导学生学以致用，讲好家乡故事，厚植家国情怀。在新媒体营销文案创作项目中，专注“讲好中国故事”，要求学生针对青梅酒品牌“梅见”，撰写一篇导购文案并排版成文，引导学生传播中华优秀传统文化。在新媒体图文营销项目中，专注“非遗传承”，要求学生利用网络搜集当地的非遗名录，通过访谈等形式深入挖掘非遗背后的动人故事，并且要求学生整理文字和图片素材，结合时事热点，为当地非遗产品创作并发布一篇新媒体图文，引导学生养成关注时事热点、民生问题和国家大事的良好习惯。在新媒体短视频营销项目中，引入“某贫困村农产品销售困境”这一难题，要求学生通过短视频营销帮助该村推广农产品，让优质的农产品借助新媒体的力量走出深山，培养学生服务乡村振兴的社会责任感。在新媒体直播营销项目中，专注“直播助农”，要求学生选取自己家乡的代表性农产品或旅游资源，策划并实施一场直播活动，引导学生拓宽营销视野，培养创新意识，用实际行动助力农产品上行为家乡的发展贡献一份力量。

14.3.3 现场教学

现场教学是一种创新的教学模式，它巧妙地将课程知识与当地丰富资源相融合，让学生在真实的场景中，通过亲自调查、深入分析和细致研究现场事实，进行实践性的学习活动。这种模式不仅让学生身临其境地感受工作环境的氛围，拓宽视野，还能深化他们对课程内容的理解，提升专业技能水平。在现场实践中，学生亲身体验到“伟大出自平凡”的真谛，通过不断打磨作品和反复操练，逐渐培养出精益求精的工匠精神和爱岗敬业的职业精神。同时，在团队合作的过程中，学生学会主动承担责任，乐于奉献，树立正确的职业价值观，实现个人成长与集体发展的和谐统一。这种教学模式不仅提升了学生的专业技能，更在潜移默化中塑造了他们积极向上、团结协作的职业素养，为未来的职业生涯奠定了坚实的基础。

14.4 结语

新型基础设施、创新商业模式、变革中的法治环境以及新兴的消费价值观，对新商科人才的培养提出了更高的要求。新商科专业课程不仅需紧跟时代步伐，将前沿思维、先进技术、最新知识与实用技能融入课程体系，更需将社会主义核心价值观与商业文化伦理等思想政治教育内容潜移默化地融入专业教育中。为此，积极探索课程思政的建设路径与实践方法，深入挖掘专业课程中蕴含的思政元素，并将其有机融入教学设计与课堂讲授，成为培养适应新时代多元化需求、具备综合素质的复合型新商科人才的关键。

本研究以新媒体营销课程为例，巧妙运用案例分析与实战项目作为思政教育的载体，通过实施任务驱动、深度案例分析、现场体验教学等多元化教学方法，将思政教育有机融入教学流程的每一个环节，取得了显著成效，为新商科教育背景下的专业课程思政建设与实践探索，提供了具有实证意义的案例分析与值得借鉴的宝贵经验。

参考文献

[1]习近平. 习近平在全国高校思想政治工作会议上强调:把思想政治工作贯穿教育教学全过程　开创我国高等教育事业发展新局面[N]. 人民日报,2016-12-9(1).

[2]王青梅,赵革. 国内外案例教学法研究综述[J]. 宁波大学学报(教育科学版),2009,31(3):7-11.

[3]朱永杰,冯建成. 任务驱动教学法中的任务设计[J]. 教育与职业,2010(24):153-154.

[4]浙江行政学院课题组. 现场教学法研究[J]. 天津行政学院学报,2008,10(5):47-50.

15　课程思政视域下民族高校公文写作课程教学思考

马晓玲[①]

摘要： 在《高等学校课程思政建设指导纲要》指导下，全国高校掀起了以课程思政建设为标志的新一轮课程改革高潮。在民族高校中，课程思政的地位和作用不仅体现在学生的思想政治教育上，更在提升高校师生的文化素质和道德素养等方面发挥着重要作用。公文写作课程作为民族高校普遍开设的课程，具有思想政治教育功能。课程思政背景下民族高校公文写作教学实践可结合地方历史文化，古今公文互鉴，铸牢学生中华民族共同体意识；聚焦时代热点问题，及时选取最新重要公文，增强学生爱国主义情怀；重视咬文嚼字，坚持手写公文，培养学生对文字的敬畏态度。

关键词： 课程思政；公文写作；教学思考；民族高校

15.1　民族高校公文写作课程思政的必要性及现存问题

2020 年 5 月，教育部出台了《高等学校课程思政建设指导纲要》，在纲要指导下，全国各所高校迅速启动了专业课程的课程思政改革，掀起了以课程思政建设为标志的新一轮课程改革高潮。课程思政是把落实立德树人、培育社会主义核心价值观作为根本任务的一种综合教育理念。不同于思政课程，课程思政以构建全员、全过程、全方位育人格局的形式，充分挖掘思政课程以外的其他课程中所蕴含的思想政治教育元素，发挥思想政治教育功能，使各类课程与思想政治理论课同向同行，形成协同效应。做好思想政治教育工作是高校的神圣使命，习近平总书记在全国高校思想政

① 马晓玲，女，西南民族大学商学院教师，硕士生导师，主要研究方向为城市民族事务治理，电子邮箱：Maxiaoling2022@ swun. edu. cn。项目来源：本文为西南民族大学 2022 年度课程思政示范课程《公文写作》阶段性成果。

治工作会议上强调，高校“要用好课堂教学这个主渠道”，各门课程都要“守好一段渠，种好责任田”，在做好知识传授的同时，加强思想政治教育和价值引领。在民族高校中，课程思政的地位和作用不仅体现在学生的思想政治教育上，更在提升高校师生的文化素质和道德素养等方面发挥着重要作用。通过课程思政的有效实施，教师能够把政治教育融入教学过程中，让学生在吸收学科知识的同时实现个人成长与社会贡献的双重提升。在这一过程中，学生深刻理解习近平新时代中国特色社会主义理论，更好地坚持正确的政治方向，铸牢中华民族共同体意识，进一步提高自身综合素质。综上所述，课程思政不仅是民族高校思想政治工作的重要组成部分，也是提高高等教育质量的重要保障。推进课程思政建设，核心在于将价值观的引导巧妙融入知识的传授与能力的培养之中，助力学生构建正确的世界观、人生观、价值观，这不仅是人才培养的内在要求，更是不可或缺的教育内容。因此，应当持续优化课程思政的理论框架，不断创新教学方法，以期更好地促进高等教育的健康有序发展，切实提升人才培养的质量与水平。

公文写作课程，作为民族高校普遍开设的通识教育课程，部分院校也将其深化为行政管理、公共管理、人力资源管理等管理类专业的专业选修课程。此课程不仅凸显其工具性与时代性特征，更潜藏着丰富的思想政治教育资源，承载着重要的思政教育功能。将思想政治教育元素巧妙融入公文写作的教学实践活动，充分发挥其育人效能，是推进该课程思政建设的有效路径之一。然而，当前公文写作课程在实施过程中面临若干亟待解决的“瓶颈”问题：

问题一：传统文书课程教学倾向于单纯的公文写作技巧与处理流程培训，缺乏从政府治理与社会生活的广阔视角引导学生深刻理解公文的政治属性、工具价值及其对社会组织管理效率提升的决定性意义，即对课程思政资源的发掘尚显不足。

问题二：传统文书课程与秘书学、档案学等专业内部其他课程间的联动性不足，呈现出“文档分治”的现象；传统课程内容偏重党政机关公文，未能充分覆盖多元化社会组织公文工作的实际需求。

问题三：鉴于公文作为党政机关和社会组织核心信息的敏感性，学生难以获得实地调研公文工作的机会，加之正面及负面公文实例的获取难度较大，导致课程教学难以提供充足实例支撑，为培养学生探究能力设置了重重障碍。

15.2 课程思政背景下民族高校公文写作教学实践举措

案例教学法是公文写作课程课堂教学常用且有效的方法，精选合适的、贴近社会生活的、体现社会主义核心价值观和中华民族精神的鲜活案例，能够吸引学生的注意力，使学生在课堂教学中既受到深刻的思想政治教育，又精准掌握公文的特点与写作要领，一举两得。为此，公文写作课程应当积极引导学生深入解读国家公文法规，鼓励他们在实际写作中灵活运用相关规定，确保公文内容与党和国家的道路、方针、政策保持高度一致，坚定理论自信和文化自信。具体教学举措包括以下几个方面。

15.2.1 结合地方历史文化，古今公文互鉴，铸牢学生中华民族共同体意识

在讲授写作理论的过程中，教师将时政案例与中国古代公文进行对比分析，揭示古代公文对现代公文写作的启示，传承与弘扬中华优秀传统文化的精髓，铸牢中华民族共同体意识。以“令”这一文体为例，教师在细致讲解《中华人民共和国主席令》后，进一步引导学生对比研读《招民填川诏》。

回顾历史，清初四川因长期兵灾（张献忠屠城、三藩之乱、吴三桂军队祸蜀等）与自然灾害而人口锐减、土地荒芜。为重建四川，康熙皇帝采纳官员建议，颁布《招民填川诏》，开启了“湖广填四川”的壮举，四川由此逐步复兴。诏书中，康熙详述了鼓励湖广（湖南、湖北、广东）百姓迁往四川开垦的历史背景，指出四川“自献贼蹂躏以来，土地未辟，田野未治。荒抚有年”，而湖广则人口众多而“地有一粟难加之势”，故而政府推行六年免税政策（原文表述为“开垦六年外候旨起科”），以资鼓励。同时，诏书严令沿途地方政府不得设卡阻拦，并对招抚有功的官员予以嘉奖。

《招民填川诏》对于现代“令”的写作具有深远的启示意义，它清晰地展示了命令的行文目的与写作依据。通过古今对比，教师在潜移默化中向学生传达了中华民族传统文化的历久弥新，并勉励学生在公文写作中继

承与发扬这一传统，铸牢中华民族共同体意识。在此过程中，学生深刻领悟到各民族共同开拓辽阔疆域、共同书写悠久历史、共同创造灿烂文化、共同培育伟大精神的“四个与共”思想，从而更加坚定地认同与传承中华民族的宝贵精神遗产。

15. 2. 2 聚焦时代热点问题，及时选取最新重要公文，增强学生爱国主义情怀

“公告”作为一种正式文体，专门用于向国内外宣告具有重大意义或法定性质的事项，其发布往往伴随着紧迫性。鉴于其内容的重要性及发布机关的特定资格要求，“公告”在日常生活中的出现并不频繁，导致许多教师在授课时倾向于引用年代久远的案例。若教师在公文教学中能够及时引入彰显中国政府和人民捍卫国家主权与领土完整、实现国家统一和民族复兴的坚强决心、坚定意志及强大能力的此类公文作为讲解案例，无疑将极大地激发学生的爱国主义情感，增强他们的国家认同感和民族自豪感。

15. 2. 3 重视咬文嚼字，坚持手写公文，培养学生对文字的敬畏态度

无论是教师还是学生，都肩负着共同的文化使命——我们不仅是语言的日常使用者，更是语言的捍卫者与守护者。因此，面对国家的通用语言文字，我们应秉持严谨的态度，展现文化自觉，更需怀揣一颗敬畏之心。对于大学生而言，在日常生活与学习中，语言文字的正确使用同样不容忽视。

以“2022 年十大语文差错”为例：“钓鱼岛争端再次发酵”中的“酵”，常被误读为 xiào，而依据《普通话异读词审音表》，“酵”字应统一读作 jiào；某知名演员在上海酒驾被查，媒体却误报为“醉驾”，殊不知“酒驾”与“醉驾”之间有着本质的区别；再如电视剧《甄嬛传》中，主人公甄嬛的“嬛”，根据《汉语大词典》应读作 xuān，意指女子柔美轻盈，而非 huán。而由此衍生的“甄嬛体”也应读作 zhēn xuāntǐ。这些案例无不揭示出语言文字在文化、经济、政治生活中的重要性，一旦使用不当或产生谬误，不仅会偏离问题的本质，更会影响人们对事物真相的认知。

随着计算机的普及和人工智能的兴起，网络时代下的“我们怎样写作”与“我们还会用笔写字吗”成了亟待关注的问题。如今，文字正面临着图

像、网络“雷词”以及技术力量的多重冲击，加之部分人对文字缺乏应有的尊重与保护，导致文字被随意篡改与滥用。这种文字所处的困境以及网络时代汉字书写的命运，确实令人深感忧虑。

众所周知，语言文字是我们表达对这个世界的理解与认识、展示话语权、发表公共生活意见、描述事物真实面貌以及进行思想情感交流的最基本渠道和工具。因此，从文化与精神的本源来看，国家的通用语言文字就是我们的根，是我们文化与精神的基石。鉴于此，在公文写作课程中，教师应坚持要求学生以手写方式完成作业，以此培养他们边写边思边读的习惯，并在手写的过程中逐步树立起对文字的敬畏之心。

15.3　结语

基于上述分析，文章结合课程思政的教育理念，致力于为民族高校的公文写作课程教学探索一条创新实践的道路。作为新时期的民族高校教师们必须树立科学的教学观念，深化对课程思政教育的理解与研究能力，全面归纳并提炼出更为高效的教学体系。在此过程中，须坚持以学生为核心，精心打造高效的实践教学课堂，旨在帮助学生在扎实掌握公文写作专业知识的同时，持续提升其职业素养，并砥砺其个人品德。这一系列的努力，将为公文写作教学与课程思政的深度融合奠定坚实的基础，推动两者相辅相成，共同促进学生的全面发展。

参考文献

[1]习近平．把思想政治工作贯穿教育教学全过程[EB/OL].(2016－12－08).新华网,http://www.xinhuanet.com/politics/2016－12/08/c_1120082577.htm.

[2]习近平．在文艺工作座谈会上的讲话[EB/OL].(2015－10－14).新华网,http://www.xinhuanet.com/politics/2015－10/14/c_1116825558.htm.

[3]张美娟,刘乐乐．高校“应用文写作”课程思政探微[J].汉字文化,2019(22):14－15.

[4]袁庭栋．天府的记忆[M].成都:四川文艺出版社,2023.

16 管理学课程思政案例教学研究

裘丽岚[①]

摘要：课程思政采取较潜隐的形式渗透于各类课程的教学过程当中，学生于潜移默化中接受优秀社会主义价值观念的引导和熏陶。在课程教学中坚持以马克思主义为指导，加快构建中国特色社会科学学科体系。本研究以西南民族大学课程思政示范课程建设项目管理学课程为研究对象，针对管理学课程思政案例教学的设计和开展进行研究，注重经验共享，推动案例教学在管理学课程思政教学中的应用。根本目标是立德树人、培养社会主义建设者和接班人。

关键词：课程思政；案例教学；管理学

16.1 课程思政发展历史概述

课程思政是将思想政治教育嵌入教学的全过程，以此落实立德树人，全面实现人才培养质量的提高。

2017 年教育部颁发《高校思想政治工作质量提升工程实施纲要》，首次提出课程思政。2019 年 10 月课程思政区域试点探索首次在上海基本实现全市高校全覆盖。2020 年 6 月教育部发布《高等学校课程思政建设指导纲要》，课程思政上升为国家整体战略部署，进一步明确了课程思政建设的重要意义、目标要求和内容重点，并结合专业特点对分类推进课程思政建设给予明确指导。

商科教育作为我国教育体系中的重要内容，涉及经济学、管理学学科

---

① 裘丽岚，女，上海慈溪人，西南民族大学商学院副教授，硕士生导师，管理学课程组组长，主要研究方向为企业管理、城市管理，邮箱：qiu_lilan@ 163. com。项目来源：2022 年校级课程思政示范课程建设项目（项目编号：2022KCSZ029）。

的近百个专业，商科人才的培养对服务国家经济发展、国家战略和全球治理大局具有重要意义。加强新商科课程思政建设，需要深入挖掘各门课程所蕴含的思想政治教育元素和所承载的思想政治教育功能，用鲜活丰富的思政元素去提升新商科课程的思想政治教育价值和功能，实现知识传授、能力培养和价值引领有机统一，增强学生的使命担当。

16.2 管理学课程思政的教学理念与目标

管理学课程是经管类专业基础课和部分非经管类专业综合通识课，是一门为适应管理工作的实际特点而产生的综合性、应用性很强的课程，在提高人才培养质量方面呈现重要地位和显著作用。

课程思政是指以构建全员、全程、全课程育人格局的形式将各类课程与思想政治理论课同向同行，形成协同效应，把立德树人作为教育的根本任务的一种综合教育理念。

管理学课程思政的基本教学理念是：充分发挥课程思政教学的育人主渠道作用，以知识传授与价值引领相结合为原则，重视发挥中华优秀传统文化和社会主义先进文化的育人功能。在管理学课程的教学过程中，要积极融入中华优秀传统文化的内容与元素，以及爱国主义的历史文化符号，旨在激发学生对课程学习的浓厚兴趣与高度专注。通过这样的融合，学生不仅能够深入学习和理解管理学的专业理论知识，还能在潜移默化中全面提升其思想政治水平与文化修养，实现知识学习与品德修养的双重提升。

管理学课程思政的建设目标是：以坚定学生理想信念，爱党、爱国、爱社会主义、爱人民、爱集体为主线，以政治认同、家国情怀、文化素养、宪法法治意识、道德修养等为重点。详细目标内容包括：第一，推进习近平新时代中国特色社会主义思想进教材、进课堂、进头脑；第二，培育和践行社会主义核心价值观；第三，加强中华优秀传统文化教育，增强文化自信与理论自信；第四，培养坚定的爱国主义使命感与责任心，具备爱岗敬业的精神和强烈的责任担当意识；第五，激励学生主动关注国内外企业管理实践的最新动态和国家经济政策的导向，帮助学生构建宽广的全球竞争视野，深刻理解双循环发展的大局观念，夯实道路自信和制度自信；第六，面向“新时代中国特色社会主义商才培养需求”，深化职业理想和职业道德教育，具备胜任管理工作的良好的业务素质和身心素质。

16.3 管理学课程思政的案例教学研究

案例教学能够帮助学生了解管理学相关专业和行业领域的国家战略导向、政策法规框架、经济形势动态、管理实践问题等，鼓励学生走出课堂，深入社会实践；关注并解决现实问题，培育学生经世济民的社会责任感、诚信为本的服务理念、德法兼修的职业素养。

16.3.1 案例一：泰勒的科学管理理论

1. 教学章节单元

马克思主义理论研究和建设工程重点教材《管理学》，第一篇总论第二章管理理论的历史演变第一节古典管理理论。

2. 思政元素

将最新的管理技术和管理思想融入课堂，培养学生的管理学唯物史观和科学观，激发他们的探索精神与创新意识，鼓励他们崇尚真理、勇于质疑的价值观。

3. 教学目标

一是通过课前查询资料和分享，锻炼学生的自学能力；二是通过课中理解、评价泰勒的科学管理理论，锻炼学生的思辨能力。

4. 课程思政的教学内容设计

泰勒的科学管理理论的主要内容有：①改进工作方法，并根据工作的要求挑选和培训工人；②改进操作方法，以提高工效、合理利用工时；③作业环境与作业条件的标准化；④改进分配方法，实行差别计件工资制；⑤改进生产组织，加强企业管理，在企业中设置计划部门，把计划职能和执行职能分开；⑥实行职能工长制；⑦进行例外管理。

观看视频：福特汽车工厂的 5 分钟短视频。

5. 课程思政的实施路径与方法

课前：提前一周，通过超星学习通 App 等发布通知，请学生结合马克思主义理论研究和建设工程教材相关章节的理论内容进行预习，并观看学习通 App 上发布的短视频资料。

课中：①了解“泰勒制”在大机器生产过程中对提高劳动生产率的作

用。②分析问题：短视频中，福特汽车工厂体现了“泰勒制”的哪些特点？如何评价“泰勒制”？

课后：在学习通 App 上发起讨论议题，考查学生对课程知识点“泰勒的科学管理理论”的掌握，以及对课程思政要点的理解。

16.3.2 案例二：社会主义的管理实践

1. 教学章节单元

马克思主义理论研究和建设工程重点教材《管理学》，第一篇总论第二章管理理论的历史演变课后专题“社会主义的管理实践”。

2. 思政元素

以马克思主义为基本指导，用辩证唯物主义与历史唯物主义的世界观和方法论指导管理学的学习，以史为鉴，明确社会主义核心价值观。中国式现代化是中国共产党领导的社会主义现代化，兼具理论与实践、回顾与创新、协调与突破、持续与适应等多重特质。

3. 教学目标

第一，让学生了解社会主义中国近现代管理实践的历史演进，并为下一章决策的学习做铺垫——结合系统环境分析得出知识点：决策的依据。

第二，使学生领会社会主义管理的本质属性，更深刻地理解中国特色社会主义道路的内涵，进一步增强“四个意识”，坚定“四个自信”，做到“两个维护”，为中国式现代化建设贡献力量。

4. 课程思政的教学内容设计

在管理学理论演进的教学后，导入社会主义的管理实践。按照时间的先后顺序，第一，介绍马克思、恩格斯的管理思想。第二，介绍列宁的社会主义管理思想。第三，将我国近现代的管理实践划分为三个历史阶段逐一展开：①新中国成立以前的管理实践；②新中国成立后曲折的探索阶段；③建设有中国特色的管理阶段，包括放权让利、经济责任制、利改税、经营承包制、现代企业制度等。

5. 课程思政的实施路径与方法

课前：提前一周，通过超星学习通 App 等发布通知，请学生结合马克思主义理论研究和建设工程教材相关章节的理论内容进行预习，并观看学习通 App 上发布的短视频。

课中：①分析问题——福特汽车工厂的短视频体现了“泰勒制”的哪些特点？如何评价“泰勒制”？②深入理解习近平新时代中国特色社会主义思想中蕴含的管理思想，以及对企业管理的价值，激发爱国主义使命感。

课后：在学习通 App 上发起讨论议题，考查学生对课程知识点“社会主义的管理实践”的掌握，以及对课程思政要点的理解。

16.3.3 案例三：战略制定的环境分析

1. 教学章节单元

马克思主义理论研究和建设工程重点教材《管理学》，第二篇决策第四章环境分析与理性决策第一节组织的内外部环境要素。

2. 思政元素

为了增强学生的历史责任感与奋斗使命感，需要激励学生立下远大志向，勇于肩负时代重任。同时，应着重培养学生的全局观念与责任意识，引导他们从系统的视角出发，学会运用辩证思维去分析问题，从而形成正确的价值观与世界观。

3. 教学目标

第一，通过课前查询资料和分享，锻炼学生的自学能力；第二，培养学生的理论思辨能力、逻辑推理能力、系统思考能力，理论联系实际解决企业实践中存在的问题。

4. 课程思政的教学内容设计

从外部环境视角看，决策的任务是让组织灵活适应外部环境的变化。从组织内部视角看，决策的任务还包括调整和优化组织管理体系。

一般的决策过程包括以下六个步骤：①识别问题；②诊断原因；③确定目标；④制定备选方案；⑤评价、选择方案；⑥实施和监督。

决策的影响因素主要包括环境、组织的历史、决策者的特点、组织文化。

环境的内容包括：①外部一般环境，如政策、技术、社会文化、经济；②外部竞争环境，如供应商、购买商、替代品、潜在进入者、现有企业间竞争；③内部环境，如资源、能力。

5. 课程思政的实施路径与方法

课前：①提前一周，通过超星学习通 App 等发布通知，请学生结合马克思主义理论研究和建设工程教材相关章节的理论内容进行预习，思考科学决策的过程是怎样的以及影响因素有哪些。②收集“一带一路”倡议和乡村振兴战略的有关资料。

课中：①课堂讨论及案例分析，结合“一带一路”倡议和乡村振兴战略的相关资料，引导学生参与分组讨论，从历史、系统观点出发，完成对预习问题和开篇问题的回答。②根据理论知识中的关键要点，各小组梳理影响决策的因素，并分析创新精神和勇于担当的责任感是如何得到具体体现的。

课后：①完成小组讨论报告，以 PPT 形式呈现，通过学习通上传分享。考查学生对课程知识点“战略制定的环境分析”的掌握，以及对课程思政要点的理解。②布置“我身边的管理问题”的课程作业，引导学生将科学有效的环境决策分析方法用于自我管理、生活管理和团队管理。

16.3.4 案例四：领导特质论

1. 教学章节单元

马克思主义理论研究和建设工程重点教材《管理学》，第四篇领导第九章领导的一般理论第二节领导与领导者。

2. 思政元素

①以习近平总书记在纪念周恩来同志诞辰 120 周年座谈会上发表的重要讲话为引导，深刻剖析周恩来同志的领导特质，激发学生的历史责任感和为最美青春奋斗的使命感。解读优秀领导者在建设祖国、推进科学研究、创造中国奇迹中所展现出的卓越领导特质。②把领导理论与党的领导紧密结合，以党的坚强领导为指引，引导学生进一步体会到加强党的领导的重要性。

3. 教学目标

践行立德树人的核心使命，推进“三全育人”综合改革的战略部署，牢固树立成为有担当、有责任感、有作为的社会主义建设者和接班人的崇高理念。

4. 课程思政的教学内容设计

引导思考：毛泽东、周恩来、邓小平、习近平等伟人的领导特质。习近平总书记用六个“杰出楷模”全面概括周恩来同志的崇高品德和精神风范：①周恩来同志是不忘初心、坚守信仰的杰出楷模；②周恩来同志是对党忠诚、维护大局的杰出楷模；③周恩来同志是热爱人民、勤政为民的杰出楷模；④周恩来同志是自我革命、永远奋斗的杰出楷模；⑤周恩来同志是勇于担当、鞠躬尽瘁的杰出楷模；⑥周恩来同志是严于律己、清正廉洁的杰出楷模。

观看视频：纪录片《百年恩来》。

回顾知识点：管理者的层次和技能，思考领导者特质包含的要素以及个人特质对管理工作的影响。

5. 课程思政的实施路径与方法

以视频为引导，采用讨论互动、评价讲授、总结延伸相结合的教学方法。

课前：提前一周，通过超星学习通 App 等发布通知，请学生结合马克思主义理论研究和建设工程教材相关章节的理论内容进行预习，并收集相关领袖伟人的事例。

课中：观看视频，进行讨论交流。确保学生准确且全面地理解领导特质的内涵，帮助学生分析领导特质的影响因素以及这些特质在实际领导行为中所发挥的关键作用。

课后：在学习通 App 上发起讨论议题和布置作业，考查学生对课程知识点“领导特质论”的掌握，以及对课程思政要点的理解。

16.4 管理学课程思政的教学效果与反思

16.4.1 教学效果

在管理学课程思政的教学实践中，采用案例教学法与研讨法作为主导教学策略，充分发挥学生的主体作用，有效调动了学生的学习积极性与主动性。最大的收获是，学生得以深刻提炼出爱国情怀、社会责任以及文化自信等核心价值要素，使原本枯燥的理论知识变得鲜活生动，课堂因此焕发出新的生命力。在这一过程中，学生在掌握专业知识的同时，也潜移默化地接受了课程思政的滋养，其爱国主义情感与社会责任感得到了显著增强。

基于行动学习法，学生在课前、课中乃至课后的参与度与积极性实现了质的飞跃。课堂上，“抬头率、点头率、回头率”的显著提升。

基于多样化课堂互动，在看、思、聊、做的过程中，思政元素如同盐溶于水般自然融入教学之中，达到了润物无声的效果，学生的获得感与满足感不断累积。

基于“知识－能力－价值”三者的深度融合，大幅提升了学生的专业认同感和价值认同感，有力地推动了课程思政育人目标的实现。

16.4.2 反思

1. 教师教学技能方面

教学技能是教师运用所掌握的教学理论知识，通过训练形成的相对稳定的教学行为模式。其外在表现，在于能够富有创造性地执行教学任务，高效达成教学目标，并运用多样化的教学方法；而内在构成，则涵盖了一套完备的知识体系、精湛的技巧、稳健的心理素质以及独特的个性特质。

教学技能不仅是教师开展高质量教学活动的前提与基础，更是衡量其专业成长与成熟程度的重要标尺。它涉及教学设计、课堂教学实施、课后辅导与答疑、教学效果评价以及教学研究五个方面，每个方面均要求教师持续精进，不断适应学生特性的变化、专业知识的更新迭代以及时代潮流的演进。

为了实现课程思政元素的自然融合，教师的各项技能更需得到全面提升。具体而言，这包括：在了解学情、制订授课计划、撰写教案以及运用教学媒体等方面，强化教学设计的能力；在优化教学组织结构、创新课程导入方式、精进讲授技巧、设置疑问与提问、锤炼语言艺术及精炼课程总结等环节，提升课堂教学的艺术性与实效性；在布置与批改作业、进行课后答疑等方面，加强辅导与答疑的精准度与互动性；在命题的科学性、考试的严谨性、试卷评阅的公正性以及考试数据的深入分析等层面，完善教学评价体系；在熟练掌握教学研究的基本方法、高效检索与整合信息、深入研究项目、紧跟学科发展前沿以及积极吸纳科研成果等方面，深化教学研究的能力与视野。

2. 学生教学参与方面

第一，充分利用学生喜爱的短视频作为教学辅助工具，充分发挥信息化载体——短视频的巨大效能。短视频以其短小精悍、直观生动且富含信息量的独特优势，成为备受学生群体欢迎的传播形式。它不会过多挤占课堂时间，却能显著增强授课的吸引力和实效性，是课程思政教学建设中不可或缺的创新手段，值得积极采用并不断优化。

第二，针对学生在基本研究方法掌握、信息检索技巧以及信息处理能力等方面存在的短板，需进一步强化指导与培训。

第三，为了让学生更深刻地理解并体验管理要素在实践中的应用，可以考虑增设实践教学环节。例如，组织学生参与社会调查活动，或前往参观“非凡十年成果展”等具有教育意义的展览，让学生在亲身体验中直观感受管理实践的魅力与挑战。

16.5 结语

课程思政是新时代背景下，培育学生社会主义核心价值观的关键路径，对于引导学生树立正确价值观念具有不可替代的作用。在管理类专业课程中融入社会主义核心价值观教育，需从理论学习深度挖掘、教学研究不断创新、教材编写科学规划、教师培训系统强化、教学手段灵活多样、教学评价全面客观等多个维度共同发力，以全面推进管理类专业课程建设，实现全员全程全方位育人。

管理学门类课程思政的构建，不仅极大地丰富了课程思政的教学内容与表现形式，还进一步强化了“育人为本”这一教育理念的实施力度。它有力地推动了课程育人体系向更加精细化、系统化的方向发展，为构建具有中国特色的社会主义管理文化贡献了独特价值。

管理学课程思政，作为新时代提升思政教育实效性的积极探索，致力于打破理论教学与实践应用相脱节的困境，旨在构建一个全方位、立体化的育人课程体系。坚守立德树人的根本任务，将培养社会主义建设者和接班人作为教育的终极追求。通过将思政元素巧妙融入管理学课程的案例教学之中，实现课程教学与思政教育的深度融合，确保思政内容能够系统性、连续性地在课程教学中得到渗透。这一举措不仅拓宽了思政教育的传播渠道，更在潜移默化中提升了课程思政的教育水平，实现了知识传授与价值引领的有机统一，使思政教育更加有力、更加深入人心。

参考文献

[1]毛卫华,汤晓建．价值塑造导向的高校课程思政建设研究[J]．江苏高教,2023(12):126－130.

[2]张春萍．加强新商科课程思政建设的路径探析[J]．中国高等教育,2021(10)：37－39.

[3]白彦,李国正．管理类专业课程引导大学生社会主义核心价值观培育的理论建构[J]．中国高等教育，2022(22):21－23.

[4]赵海月．“大思政”育人为本意涵研究:以管理学门类“课程思政”的建构为例[J]．中国青年社会科学,2021,40(2):47－53.

17 品牌管理课程思政的教学改革实践研究

李荣庆[①]

摘要： 本研究针对品牌管理课程提出课程思政的教学改革，实现课程与思政协同发展。本研究在分析品牌课程现有教学的基础上，设计了新的教学目标和教学内容，结合国民品牌，充分挖掘教学过程中所蕴含的思政教育元素，从学科竞赛教学模式和协同育人教学机制方面进行改革，把学科专业知识和社会主义核心价值观联系起来，把学生培育成德才兼备的社会主义建设者。

关键词： 品牌营销；课程思政；教学改革

17.1 引言

2020年5月，教育部出台了《高等学校课程思政建设指导纲要》，在该纲要的指引下，全国各高校迅速启动了专业课程的课程思政改革，掀起了以课程思政建设为标志的新一轮课程改革高潮。

课程思政是指以构建全程、全员、全课程育人格局的形式将各类课程与思想政治理论课同向同行，形成协同效应，把立德树人作为教育的根本任务的一种综合教育理念。课程思政的本质是立德树人，高校立身之本在于立德树人，要坚持把立德树人作为中心环节，把思想政治工作贯穿教育教学全过程，实现全程育人、全方位育人，努力开创我国高等教育事业发展新局面。

课程思政的理念是协同育人。当代高校需大力建设课程思政，把思政教育融入专业课程，同时挖掘出各类专业课程中的思想政治教育元素，使

---

① 李荣庆，女，云南昭通人，西南民族大学商学院讲师，博士学位，主要研究方向为品牌管理和零售管理，邮箱：windy60@126.com。项目来源：西南民族大学2023年校级一流本科课程《品牌管理》的阶段性成果。

其贯穿整个教学活动过程中，形成教育的协同效应，在专业学习过程中引导学生形成正确的认知体系、价值观念，树立坚定的政治立场、远大的理想信念，让专业课程也发挥立德树人的作用，使各类课程与思政课程形成合力，达到协同育人的效果。

17.2 品牌管理课程教学现状介绍

17.2.1 教学内容及教学方法介绍

目前品牌管理课程是市场营销专业的必修课程，是专业核心课程，固定在大三上学期开设。课程的基本理论均来自西方国家过去100多年来积累的各家学术理论的集合，内容主要包括品牌内涵、品牌资产、品牌定位、品牌核心价值、品牌设计、品牌推广、品牌延伸和品牌维护等。教学方法主要是以课堂讲授为主，辅以视频教学、案例教学和小组作业等。

17.2.2 教材及案例介绍

目前，品牌管理课程的国际权威教材是美国学者凯文·凯勒的《战略品牌管理》和法国学者让－诺埃尔·卡普费雷尔的《战略品牌管理》，国内有何佳讯出版的《战略品牌管理》。在当前的课程案例分析中，主要沿用教材中经典的国际品牌案例，这些案例大多源自国际或国外知名品牌，如耐克、可口可乐、阿迪达斯、奔驰、宝马等。然而，对于中国本土优秀民族品牌的研究和讨论明显不足。

17.3 品牌管理课程融入思政教育的重要意义

17.3.1 品牌不仅代表企业的经营能力，更代表国家实力

品牌是企业乃至国家综合竞争力的重要体现，不仅是供给侧和需求侧升级的方向，也是生产者和消费者共同的追求。2017年4月24日，国务院印发《国务院关于同意设立“中国品牌日”的批复》，同意自2017年起，将每年5月10日设立为“中国品牌日”。加强品牌建设，不仅能更好地满足人民群众日益增长的物质文化需求，提升生活品质，还能有力推动经济大国向经济强国转变，增强国际竞争力。同时，品牌作为文化的载体，其发展壮大有助于弘扬中华优秀传统文化，提升国家整体形象，增强民族自信心和凝聚力。发展品牌经济，就是以新发展理念为指导，促进经济转型升级，推动产业结构调整，全面改善影响品牌发展的质量、创新、诚信、

文化、人才、营销和环境等关键要素，为实现中华民族伟大复兴的中国梦奠定更加坚实的基础。

17.3.2 提高学生的品牌责任感

品牌管理课程融合了管理与营销相关学科的内容，是专业立身之本，亦是就业立足之基。因此，课程建设需深远规划，旨在培养学生的世界观、价值观及人生观，为学生的终身可持续发展奠定坚实基础。在教学过程中，必须充分考虑学生的认知特点，并紧密贴合新时代对高素质技术技能人才的迫切需求，着力提升教育者的育德意识、育德能力及育德实践效果。在构建这一课程的体系框架时，应紧密围绕立德树人的根本任务，积极探索并创新提升学生人文素养与职业素养的新路径。

17.4 品牌管理课程思政的教学改革内容

17.4.1 品牌管理课程思政的教学目标制定

对于专业性较强的品牌管理课程而言，思政教育的内容难以直接融入学科知识点之中。这就要求教师从多角度挖掘思政教育元素，并借助创新的教学模式，巧妙地将其融入教学过程，同时，通过自身在授课中所展现的价值观，间接地向学生传递思政内容，力求达到“润物细无声”的效果。

在培养品牌营销专业人才的过程中，必须深植中国大地，坚守社会主义办学方向。虽然国际上的先进经验值得我们学习和借鉴，但教育的根本在于“培养什么人、怎样培养以及为谁培养”。这一人才培养的核心问题，贯穿于教学体系、教材体系、学科体系以及管理体系等多个层面，而思想政治工作体系则是贯穿其中的灵魂。

品牌管理课程的思政教育要立足于构建一个全面育人的宏伟蓝图。通过深化课程目标、内容、结构以及教学模式的改革，将政治认同、国家意识、文化自信、人格养成等思想政治教育元素，与品牌营销课程的核心知识和技能传授紧密融合，实现西方理论与中国实践的有机结合，推动学生的自由全面发展，并充分发挥教育在人才培养中的关键作用。

17.4.2 品牌管理课程思政的教学内容改革

在品牌管理课程的教学实践中，尽管理论框架与知识体系多源自西方学者的理论，但在案例选取上，应着重向学生展示中国众多杰出的民族品牌。经过40多年的改革开放，中国创造了许多优秀的民族品牌；步入互联网时代，更是涌现出无数令人瞩目的新消费品牌。通过剖析这些传统老品牌与新兴互联网品牌的案例，并紧密结合专业知识的探讨，不仅能够加深学生对品牌管理理论的理解与掌握，而且能够自然融入爱国主义教育，让学生在优秀民族品牌文化的浸润下，油然而生民族自豪感，树立正确且积极的价值导向。表17－1所示为课程各章节讲解的国产品牌案例并融合思政内容的教学计划。

表17－1　品牌管理课程思政教学计划

课程内容	教学内容	中国品牌案例	思政内容
导论	介绍西方品牌发展历史、我国品牌发展历史和现阶段的特征	世界500强品牌排行榜；亚洲品牌排行榜；中国品牌排行榜	讲述中国品牌的发展历史，500强中的中国品牌名单，增强民族自豪感，了解历史，看到现状和差距
品牌内涵	从符号、消费者、企业三者的角度解释品牌的内涵	NE－TIGER（东北虎）、劳伦斯·许、无用服饰、例外等中国服饰品牌	品牌是国家经济文化强盛的载体，让学生了解关于民族品牌建设的国家战略、相关政策和商标法等
品牌资产	品牌知名度、品牌美誉度、品牌忠诚度、品牌联想	小米手机、华为、OPPO、褚橙、李宁和安踏	激发民族自豪感，植根公民荣誉感，培育经世济民的职业素养
品牌定位	介绍品牌品类定义，展现有别于竞争对手的差异化优势	飞鹤奶粉、58同城、瓜子二手车、王老吉和加多宝	国产奶粉品牌突出重围，培养学生振兴民族品牌的责任感
品牌核心价值	品牌能给消费者带来的利益和价值	江小白、二锅头、茅台、江中健胃消食片等	回归到中国传统文化中去提炼品牌核心价值，才能代表中国品牌出征海外
品牌文本	包括品牌广告语、品牌愿景、品牌宣言、品牌故事等	小鹏汽车、理想汽车、蔚来汽车、比亚迪汽车等	有关国计民生的品牌需要具有中国特色的品牌宣言和品牌故事来推广
品牌设计	品牌名称、品牌标志、品牌包装等	元气森林、洽洽坚果、蜜雪冰城、西贝莜面村等	中国元素和世界元素融合的品牌设计，既传统又前卫，既民族又世界
品牌推广	应用传统媒介和新媒体对品牌进行推广	完美日记、喜茶、三顿半、一念草木中、认养一头牛等	中国的新媒体营销蓬勃发展，大数据技术和精准营销策略也引领营销前沿

品牌管理课程的考核体系由平时成绩考核与期末论文考核两大核心部分组成。平时成绩考核侧重于实践应用，以小组形式展开，深入民族品牌实地考察活动，例如前往四川省小金县，亲身体验乡村振兴项目中的品牌实践。学生需运用所学品牌理论知识，剖析品牌运营的成功要素或失败原因，此环节还融入了思政教育考察，旨在提升学生的实践能力，深化对品牌文化的理解，并强化团队合作中的沟通与协调能力。期末论文考核则要求学生独立设计一款品牌，涵盖环境分析、品牌定位与核心价值提炼、品牌设计以及品牌推广策略等多个维度。品牌设计需融入中国文化特色，以此激发学生的民族自豪感与责任感。

17.4.3 品牌管理课程思政的学科竞赛开展

除了在课程讲解中使用国内品牌案例，加入思政元素，学院还大力开展学科竞赛，以赛促教，融入课程思政，以学生为主导，以社会需求为导向，培养学生的创新创业能力。目前，学校开展的有关品牌策划的学科竞赛有全国高校商业精英挑战赛——品牌策划竞赛（A 类赛事）、四川省大学生营销策划大赛（C 类赛事）、CMAU 全国大学生市场研究与商业策划大赛（D 类赛事）、全国大学生公共关系策划创业大赛（D 类赛事），学生们积极参与，教师们也认真指导。

在刚刚结束的 2023 年全国高校商业精英挑战赛——品牌策划竞赛（A 类赛事）中，学院学生取得优异的成绩，详见表 17－2。此项比赛旨在帮助中小微企业提升品牌形象，在激烈的市场竞争中发掘差异化路径，形成自己的独特品牌优势。参赛过程中，学生首先需通过理论考试，随后组建团队，寻找并选定品牌项目，分析原品牌存在的问题，通过集思广益的头脑风暴，运用所学专业知识，提出一系列创新性的品牌塑造策略。学生们通过参赛，在实践中深化了对区域特色、国家发展的认知，树立了正确且有利于品牌长远发展的价值观与品牌理念。这一过程不仅有助于学生把握就业市场的脉搏，洞悉人才需求的变化，紧跟市场前沿的各类动态及社会环境的发展趋势，而且有力促进了学生在职业道德、职业素养等方面的思政教育深化。最终，这样的经历将增强学生的就业竞争力与创新创业能力，为社会培育出既具备扎实专业技能又富有社会责任感的高素质人才。

表 17－2　2023 年全国高校商业精英品牌策划大赛总决赛获奖名单（部分）

参赛项目名称	获奖名次	思政元素
黎煌雪梨果汁饮料品牌推广策划方案	1	位于四川省阿坝藏族羌族自治州金川县，乡村振兴项目，致力于打造符合年轻人口味和生活态度的正宗雪梨饮料
好吃无"腹"担，健康常相伴，青藏公主牦牛肉干品牌策划案	1	位于四川省成都市及青藏高原，致力于打造纯正、天然、绿色滋补牦牛肉系列产品
"蔡同学·白水贡糖"品牌策划书	1	位于福建省漳州市龙海区白水镇楼埭村，帮助地方非遗美食精准再定位及重塑品牌核心价值，展现非遗魅力，弘扬民族文化
"梨好"品牌策划案	1	位于四川省金川县，利用金川雪梨之乡的美誉推广一款专为儿童设计的雪梨止咳软糖产品，宣传金川县，助力金川乡村振兴
"五芝散"品牌策划案	1	位于四川省成都市，致力于将中草药与现代科技相结合，打造更符合国人需求的护眼美容眼罩
慈愿藏香品牌策划书	2	位于西藏，结合其独特的藏药功效、藏族文化特色和非遗性质，打造独特形象，形成品牌认知
内蒙古百纯羊绒有限公司品牌策划书	2	位于内蒙古呼和浩特市，致力于打造民族元素和意向色彩相结合的羊绒制品
阳光沙棘品牌策划书	2	位于四川省甘孜藏族自治州理塘县，助农项目，结合民族文化和情感价值打造阳光积极、天然健康的果汁品牌形象
坏心情一"饼"滚走——晋香惠煮饼品牌策划书	3	位于山西省闻喜县，致力于将中国传统美食"煮饼"传播到全世界
健身堂蜂蜜品牌策划书	3	位于四川省高海拔地区，致力于将具有浓郁区域特色的蜂蜜产品销往全国各地
东坡泡菜品牌策划书	3	位于四川省眉山市，打造四川泡菜品牌，弘扬眉山泡菜文化，推动四川美食传承

17.4.4　促进与企业"协同育人"机制的发展

品牌管理课程的思政教育，除了在课堂上借助丰富案例激发学生的社会责任感，引导学生树立正面的品牌价值观之外，更需注重在实践平台上实现"知行合一"的教育理念。学校应重视在专业建设进程中，与区域内外建立广泛的实习基地，特别是对于拥有独特历史特色的民族院校而言，更应积极与民族地区的助农项目、乡村振兴项目等各类企业开展深度合作，共同探索协同育人的教育模式。同时，应大力加强与西部新一线城市——成都的地方企业合作，共同搭建融入思政教育元素的实践教学平台。通过让学生深入参与地方品牌的实践服务，真正培养他们的社会服务意识。例如，学院已积极与阿坝藏族羌族自治州金川县合作，参与金川县的乡村振兴项目，组织学生深入乡村进行实地调研，为当地农副产品的营销传播提供策划服务。这一系列举措不仅彰显了课程思政实践“行知合一”的成效目标，也极大地促进了学生在专业理论学习与思政精神锤炼方面的自我管理、自我完善与自我提升。

17.5 品牌管理课程思政的执行保证

17.5.1 师资队伍建设

教师队伍肩负着教书育人的历史责任，要不断加强自身学习。在传授西方先进专业知识与文化的同时，首先要用社会主义核心价值观武装自己，深化爱国主义情怀的学习，立身固本，师德为先。在向学生传授知识的过程中，教师应坚定不移地成为党的理论的坚定拥护者，专业领域的领航者，并将培养具有爱国情怀的社会主义事业接班人视为己任。在追求专业能力终身发展的道路上，教师需坚持将立德树人理念深度融合于教学之中，实现育德与育心的和谐统一，为学生的全面发展奠定坚实的基础。

17.5.2 学校的大力支持

在实施品牌管理课程思政的教学改革过程中，学校的支持是必不可少的。学校应积极支持本课程的思政教学改革，如大力支持相关课程教师到国内学科前沿高校去学习，为教师提供丰富的网络学习资源，让教师不断提升自己。支持教师指导学生积极参与各类品牌相关的学科竞赛。学校应主动与社会各界企业建立紧密联系，为教师带领学生深入企业调研走访搭建桥梁，让学生在实际操作中深刻理解民情国情，增强社会责任感。在专业建设层面，学校应从资金上给予充分保障，加大对品牌营销相关工作室的建设力度。

17.5.3 完善考核，注重效果

检验品牌管理课程思政的教学改革效果，应对学生进行多元化考核，除课堂作业、期末成绩以外，还应将学生的思想品德、爱国情怀、社会责任等方面的表现纳入考核范畴。除了课堂学习，应引入课外拓展考核环节，考查学生对民情国情的了解程度，以及运用所学知识帮助中小微企业打造品牌的能力。

17.6 总结

品牌管理是一门随着社会的不断进步与科技的飞速发展，从经济学、管理学、市场营销学等传统学科中深度提炼并逐步演化而来的应用性极强的学科。在当前我国经济蓬勃发展，企业生产从量变到质变，品牌意识空前觉醒的大背景下，作为品牌管理学科的教师，不仅要肩负起教书育人的神圣职责，更应为推动我国品牌事业的发展贡献自己的一份微薄之力。

参考文献

[1]习近平．全国高校思想政治工作会议讲稿[N]．光明日报,2016－12－08(1).

[2]晏凡．市场营销课程思政教学设计方案之解析品牌[J]．产业与科技论坛,2022,21(14):123－125.

[3]张希蕾．课程思政理念下品牌营销传播教学改革探讨[J]．营销界,2020(41):165－166.

18　企业文化课程思政教学实践活动探索

杨熙纯①

摘要：深入贯彻习近平总书记关于加强和改进民族工作重要思想以及关于教育和人才工作的重要论述，紧紧围绕铸牢中华民族共同体意识和立德树人根本任务要求，结合管理类专业特点和企业文化课程思政教育目标，设计模拟经营教学实践活动，融入契合课程内容的德育要素，对学生进行思想政治教育。

关键词：企业文化；课程思政；模拟经营；教学实践活动

2017 年 11 月，北京联合大学出台了《关于推进“课程思政”建设的实施意见》，要求全校专业教师挖掘各门专业课程所蕴含的思想政治教育元素，把做人做事的基本道理、社会主义核心价值观的要求、实现民族复兴的理想和责任融入专业课程教学中，让课程思政建设与思政课改革同向同行。党的十八大以来，习近平总书记对中国高等教育的发展和高校思想政治教育工作高度重视，并发表了一系列重要论述。因此，高校专业课程教师应与时俱进地进行课程思政教学的探索，推进思政教学走出课堂，在实践中促进学生对专业课程理论知识的理解与运用，同时深化学生对思想政治教育的理解，加深学生对理论指导作用的实践感受。

企业文化课程是西南民族大学商学院管理类专业的选修课程，立足于企业文化理论与实践前沿，着力挖掘国内外优秀企业的案例，尤其是中国特色社会主义企业，以加深学生对企业文化理论的理解和实践方法的领会。企业文化课程思政是将企业文化与思政理论进行有效结合，让学生通过对

---

①　杨熙纯，女，四川达州人，西南民族大学商学院讲师，主要研究方向为企业管理。项目来源：西南民族大学 2023 年度课程思政示范课程建设项目《企业文化Ⅱ》专业教育课程的阶段性成果。

企业文化的了解加深对思政理论的理解。在教学实践活动中，积极探索并实施了创新的课程思政教学法，引入了亲验式教学法，通过模拟经营教学实践，丰富了学生的学习选择，增强了他们的学习自主性和挑战性。鼓励学生通过亲身参与和直接体验来学习，而非机械地、被动地接受知识，这样的学习方式更有利于学生在实践中深化理解思政元素。在模拟经营大赛中，学生们自由组队，共同出资并运营一家模拟公司，各自在公司中扮演不同的角色。这一过程中，每位参与者都能亲身体验企业文化的构建与发展，深刻认识到企业文化的重要性。同时，他们也亲身体验了创业的艰辛与喜悦，这种经历不仅升华了企业文化的学习意义，还引导学生们在市场经济环境下树立正确的价值观导向，推动学生们成为中华优秀文化的传承者，培养他们成为“四个自信”和“五个认同”意识的忠诚拥护者，以及中华民族共同体意识的坚定维护者。

18.1 模拟经营教学实践活动的意义

推行亲验式教学法，关注社会热点和现实需要，培养学生发现问题、分析问题和解决问题的能力。密切联系社会需要与企业实际，开动脑筋、创新思维，以适应现代社会对人才培养的需求。

学生亲身体验公司实际运作的方式、经营管理的流程以及团队文化的形成与建设过程，对企业形象与企业理念的结合有一个清晰的感性认识，了解企业形象与企业理念之间的关系。用心观察和体会团队文化是否起到导向、约束、激励、凝聚和辐射作用，四层次文化如何建设，团队负责人在组织文化建设中如何发挥作用以及每个人的心理轨迹变化等，以便加深对企业文化理论的理解与运用。

主动学习，快乐学习。学生主动查找企业文化的最新研究成果，并思考企业文化建设的有效方法；充分寻找组建公司的有关资料，锻炼文献检索和资料收集的能力，为毕业后收集企业资料、选择就业单位或者创业提供借鉴，也为大创计划做准备。

一方面锻炼学生的胆量、心理承受能力和语言表达能力，以及探索问题、发现问题与解决问题的能力；另一方面将理论知识与企业实际的文化情况结合起来，实现知识真理和情景真理的融合，缩短学生与社会及企业实际的距离，在讨论中激发学生的创新思维，使学生成为综合素质较高的管理型人才。

18.2 模拟经营教学实践活动的思政元素

在公司企业文化的形成与建设过程中，引导学生将社会主义核心价值观融入企业价值观、企业愿景、企业使命、企业精神之中，并落实到企业制度文化层、行为文化层、物质文化层的构建中。

强调通过汲取中国传统文化、革命文化和社会主义先进文化的精华，构建具有中国特色的企业文化体系，弘扬中华优秀传统文化，强化学生的“四个自信”与“五个认同”意识，培养学生的家国情怀和爱国主义精神。

通过确立“以人为本”的企业文化价值理念，引导学生在为人处世方面更关注人的因素，增进对不同民族文化、习俗的尊重和理解，铸牢中华民族共同体意识。

18.3 模拟经营教学实践活动的实施流程

18.3.1 组建模拟公司，真实出资，实际运作

学生自由选择创业合伙人，鼓励跨专业组队，男女搭配，并明确每位成员的分工和职责。根据自愿原则，真实出资，以 1∶100 的比例形成注册资金。按照现代公司运作原则，成立董事会。根据自己的经济情况和在公司的角色确定出资金额，如董事长要占到股份的 50% 以上。总经理由董事会聘任。

18.3.2 审核公司资料

鼓励学生利用互联网、图书杂志、广播电视等多种媒介资源，搜集关于公司设立的相关信息，并深入学习《中华人民共和国公司法》《中华人民共和国民法典》等相关法律法规，准备公司成立的相关资料。各模拟公司进行定位并初步运作。组织委员会按照《中华人民共和国公司法》等相关法律利用业余时间审查公司资料，对于不符合要求的资料，将要求相关公司进行补充或修改，否则将不予批准设立。通过组建模拟公司这一实践环节，可以考查学生对公司运作程序的理解与掌握程度，使他们能够系统地了解创业与公司运营中的实际问题。此外，还鼓励学生深入了解某一家

企业的实际形象与操作流程，将收集到的材料与该企业的企业文化相结合，从而构建出立体、全面的企业文化概况，为后续的讨论与案例分析打下坚实的基础。同时，结合课堂讲授内容与相关文献资料，引导学生积极查找企业文化与市场营销领域的最新研究成果，鼓励学生在了解企业实际情况的基础上进行深入分析与探讨。这样的教学方式不仅有助于提升学生的理论素养，更能增强他们的实践操作能力，为未来的职业生涯奠定坚实的基础。

18.3.3 找准行业和产品，进行市场运作

学生自由选择行业和产品，进行先进行业与产品的市场调研，再进行真实的市场运作，结合公司的企业文化进行广告宣传、产品展示与销售。充分发挥每位学生的潜力，关注市场运作和人员配合的有关情况，注意公司运作中独特的文化现象。在这个阶段可以全面锻炼学生的市场运作能力和交流能力。

18.3.4 现场展示活动成果

每个模拟公司制作好 PPT 及宣传视频，包括公司介绍、企业文化展示、产品介绍、销售照片、财务报表等内容，在课堂上进行实践活动的展示与总结，各位评委评定奖项，并发放奖品。

18.3.5 活动总结

每位学生都需写出参加本次教学实践活动的总结，记录本人在活动中的心理轨迹，以期对社会与企业的认识有所提高，对企业文化的潜规则有更好的把握。每位公司的 CEO 需在课堂上作为代表发言，总结此次模拟经营教学实践活动中的经验教训。

18.4 模拟经营教学实践活动的团队职责

18.4.1 模拟公司（5~8 人）的职责

按照工作要求在各模拟公司内部进行人员分工，明确各成员的职责。

第八周、第九周：各模拟公司进行行业与产品的市场调研，查找有关公司设立的资料，学习有关法律法规，准备公司成立的有关资料，并交给组织委员会审批。

第十周：各模拟公司根据自己的目标顾客制定好公司战略，明确公司

的经营范围、能够提供的产品或服务，制作详细的线上线下营销策划书，开展商品销售活动。在线上销售方面，需搭建功能完善的销售网站，并设计产品展示图片。在线下销售方面，需准备包括宣传单、海报、公司展示牌等在内的各类宣传材料。除了统一组织的销售活动外，各模拟公司还可充分利用课余时间，灵活开展多样化的线下销售活动。例如，在饭点时段于食堂门口设立销售点，或者利用晚上、周末等时间段，深入各寝室或寝室楼门口进行面对面销售等。

第十一周、第十二周：各模拟公司继续销售商品，并制作一份详细的现场展示活动策划书。

各模拟公司都应有自己的名称、Logo、目标、宗旨、理念、口号等。

各模拟公司都应思考如何构建自己各层次的企业文化，包括物质文化、行为文化、制度文化和精神文化等。

各模拟公司都应做好 PPT 及宣传视频，包括公司介绍、企业文化展示、产品介绍、销售照片、财务报表等，注意视觉和听觉效果的结合。

各模拟公司都应做好正式展示活动前的预演工作，严格控制好现场展示时间。

第十三周周二下午的现场展示活动中：各模拟公司提前在电脑上拷贝 PPT 等相关资料，团队成员应统一着装，尽可能展示公司独特的经营特色、文化特色，可以利用一些创新形式的团队活动、视频等来表现。例如，通过喊口号、跳舞、唱司歌、情景剧、短视频等活动形式来展现。

各模拟公司都应做好工作记录，每次开会和活动均应有记录并上交组织委员会，活动结束后将营销策划书、展示活动策划书和 PPT 上交组织委员会。

会后各模拟公司的负责人给予各自团队成员差异化的评分，并对组织委员会的成员进行打分评价。

评价委员会为各模拟公司打出的综合分即为小组成员的基准分。各模拟公司的负责人根据基准分和每位成员的表现（包括工作态度、出勤情况、工作量投入、业绩表现）对各自团队成员的分数进行适度上下调整，其中只报名未参加活动者不给分。

18.4.2 组织委员会（10人左右）的职责

对整个活动进行策划，包括重点环节和可能出彩的环节、需要的条件、设立的奖项、活动的时间、地点安排、各模拟公司课堂展示的时间控制等。

按照有关法律规定模拟审批公司设立的资料，负责工商、税务等行政机构的有关工作。

向学校相关部门提出申请，力求为各模拟公司提供一次或多次在校园内统一销售产品的机会，明确销售活动的场地与时间安排。在销售活动正式开展前，充分利用校园资源，如学校广播等渠道，广泛宣传各模拟公司的销售活动信息，确保目标顾客能够及时了解销售活动的时间与地点。此外，还需提前准备销售活动所需的横幅等宣传材料，并负责销售现场的场地布置与拍照记录工作，全面记录各模拟公司的销售实况。

会场环境布置。联络各模拟公司负责人，共同规划活动现场的整体环境，包括悬挂横幅、张贴海报、布置气球、彩带、盆景等装饰物，以及调试话筒、音响等设备。

为确保活动的顺利进行，需对整个活动进行组织、协调与监督。制定详细的活动布置与人员安排方案，明确各岗位职责，如总指挥、计时员（确保各公司展示时间控制在15分钟内）、照相员、协调员及应急管理人员等，并督促各公司提前测试PPT的运行效果。同时，制定备选方案以应对可能出现的突发情况，确保活动万无一失。

活动前，提前打印好嘉宾及评价委员会成员的评分表，并明确告知各模拟公司现场展示活动的评价标准。根据设定的奖项，如最佳组织奖、最佳表达奖、最佳风范奖、最佳主持奖等，提前购买奖品并制作奖状。

安排男女主持人各一名，负责活动的整体组织与串联。主持人需提前熟悉活动流程，与各模拟公司展示活动进行无缝衔接，并在活动开始前介绍领导与嘉宾，展示结束后邀请领导或嘉宾发表讲话。

各公司展示结束后，迅速协助评价委员会统计分数，写好奖状，并组织颁奖仪式，邀请领导与嘉宾为获奖同学颁奖并合影留念。安排写稿人负责设计台词、撰写活动花絮与稿件，记录活动中的趣事与现象。活动结束后，撰写一篇新闻稿，作为教学简报进行发布。

活动过程中，注意收集各类活动资料，包括照片、考勤记录、文件、营销策划书、展示活动策划书及 PPT 等，以备后续总结与评估。

活动结束后，组织各小组负责人或代表对评价委员会成员进行打分评价。

鼓励团队成员参与案例分析小组的工作，提升个人综合能力。

会后组织委员会负责人给予团队成员差异化的评分。

最后，组织委员会负责人根据团队成员在活动中的实际表现（包括工作态度、出勤情况、工作量投入、业绩表现等），在评价委员会打出的综合分基础上进行适度上下调整。对于仅报名但未实际参与活动的成员，则不予评分。

18.4.3 评价委员会（5 ~ 7 人）的职责

在各模拟公司内部，通过自荐或推荐的方式选拔一名代表，担任评价委员会的成员。

在活动开始前，拟定模拟经营大赛中对各公司展示情况的评价标准。

当活动正式开始时，根据各模拟公司的实际表现进行打分。

活动结束后，评价委员会负责组织各小组联络人或小组代表对组织委员会的工作表现进行打分。

评价委员会成员虽然可以参与自己公司的展示活动，但不介入对本公司的具体评价和打分环节。

"纸上得来终觉浅，绝知此事要躬行。"以党的二十大精神为引领，融合企业文化与课程思政的实践教学，通过开展模拟经营教学实践活动，充分发挥学生自主学习的积极性，加深学生对企业文化理论知识的理解和应用，锻炼学生对公司经营的运作能力，实现课堂教学育人深度的有效延伸。同时，深入挖掘社会主义实践教育的思政内涵，逐步引导学生成长为德才兼备、全面发展的高素质人才，鼓励他们积极投身社会主义现代化建设的伟大事业，在实现国家发展的同时，也成就自身的卓越价值。

参考文献

[1]韩宪洲．以“课程思政”推进中国特色社会主义一流大学建设[J]．中国高等教育,2018(12)：4－6.

[2]赵瑾．《企业文化管理》课程思政探索与实践[J]．内蒙古煤炭经济，2020(10)：204－205.

[3]张贺．企业文化进课堂的思政教学方法探究：以亨通文化为例[J]．太原城市职业技术学院学报,2020(9)：155－157.

19　管理信息系统课程：“精准扶贫”如何精准?

冯　琼①

摘要：本研究以国家脱贫攻坚时期建设的全国扶贫开发信息系统为主线，把课程思政和专业知识点融入案例中。本研究从课程和案例的基本情况、案例蕴含的思政元素分析、案例教学整体设计三部分对课程思政内容进行了概述，重点讨论如何在课程设计中，把课程思政全方位融入专业课教学的“意育”转向，把课程思政作为教师自觉的行为，使课程思政教育“润物细无声”。

关键词：课程思政；精准扶贫；管理信息系统

19. 1　课程和案例的基本情况

课程名称：管理信息系统。

授课对象：市场营销、物流管理、工商管理、会计学、财务管理本科生。

课程性质：物流管理专业限制性选修课，市场营销、财务管理、工商管理、会计学专业选修课。

课程简介：本课程是为经济管理各类专业开设的大类基础课和平台课。课程主要培养学生对管理信息系统的整体认识，提高学生的信息素养，引导学生从现实问题出发，运用系统思维，在信息系统的视角下思考组织和管理的问题，以更好地为国民经济发展做出贡献。课程主要讲述管理信息系统的基本原理、概念与方法；管理信息系统开发工具、开发方式和开发

---

①　冯琼，河南郑州人，讲师，博士，西南民族大学商学院教师，主要研究方向为“三农”发展、贫困治理、政策评价，邮箱：401335753@ qq. com。项目来源：西南民族大学 2023 年专业学位研究生教改项目“精准扶贫如何‘精准’——信息管理与信息系统”（项目编号：12331234006）。

方法；组织、流程和管理与信息系统的关系，提供切实可行的解决方案；当前组织信息化建设的主要方向和内容，用户在管理信息系统建设过程中的责任和作用。

教学目标：本课程采用基于问题的研究性教学方法，运用探究式、研讨式教学方式，形成考核方法，通过理论讲授、案例分析、上机实验等多种形式，引导学生自主学习，既要动脑也要动手，理论联系实际，达到以下教学目标：①能清楚解释并理解管理信息系统的基本概念、体系、结构，理解数字化时代信息系统作为组织数字化创新赋能器的意义；②掌握基于信息系统的数字化产品创新和商业模式创新的基本逻辑，深刻理解常规信息系统的基本开发方法、开发过程和在现代企业中的应用；③了解现代信息系统建设的新方法和新岗位要求，深刻理解作为当代大学生应当具备的应用系统观念、数学方法、计算机技术解决管理问题的能力要求。

19.2 案例蕴含的思政元素分析

“‘精准脱贫’如何精准?”案例运用在第六章“商务智能基础：数据库与信息管理”。第六章是管理信息系统分析的基础部分，从这节课开始，学生要开始学习如何建立关系型数据库，掌握从数据库获取信息的主要工具和技术。通过对全国扶贫开发信息系统的分析，包括指标体系构建、数据获取流程、数据库类型、数据库功能等内容，帮助学生更好地理解和接收本章及后续章节的知识点；同时，引导学生深入认识中华民族在反贫困史上的伟大壮举，体会到国家精准扶贫政策的深远意义，见证精准扶贫战略下取得的伟大成就，激发学生的爱党爱国情感，教育学生树立为人民服务的价值观，将个人命运与国家命运需求紧密结合。

脱贫攻坚，贵在精准、重在精准，成败也系于精准。在习近平总书记关于脱贫攻坚的重要论述和工作部署中，精准扶贫理念占有特别重要的位置。习近平总书记自 2013 年 11 月 3 日在十八洞村考察提出“精准扶贫”重要思想后，对精准扶贫理念作出了一系列重要论述，上升到扶贫开发基本方略的高度，提出扶持对象、项目安排、资金使用、措施到户、因村派人、脱贫成效“六个精准”，坚持对扶贫对象实行精细化管理、对扶贫资源实行精确化配置、对扶贫对象实行精准化扶持，要求把精准扶贫贯穿扶贫开发的全过程。精准扶贫理念创新了传统扶贫开发路径、资源使用方式、开发管理模式、考核评估方式，为经济社会发展和民生改善提供了科学路径，是实事求是思想路线的生动体现，是一切从实际出发、具体问题具体分析科学方法的成功运用，闪耀着马克思主义的真理光辉。

案例中选取的全国扶贫开发信息系统是国家对建档立卡贫困户信息进行规范化管理的信息网络系统。2014 年，国务院扶贫办印发《扶贫开发建档立卡工作方案》，在全国范围内开展精准识别，以县为单位，分级负责，动员全国上百万基层干部进村入户，按照相关标准和程序，采集扶贫对象信息，建立电子档案、数据库，记录贫困户家庭信息、贫困程度、致贫原因等。建档立卡从点到面，从基数到进度，回头看、动态管，扣好了精准扶贫的“第一粒扣子”，也为国家保存了一份珍贵的脱贫档案。2015 年，国务院扶贫办建成全国大集中的扶贫开发信息系统，包含支撑扶贫开发业务管理、监管评价、业务协同、决策支持、公共服务功能五个子系统，构建了覆盖中央、省、市、县、乡镇、行政村的六级业务网。扶贫开发信息系统积累了涵盖 2013—2020 年 8 个年度、12.8 万个贫困村、3000 多万贫困户和 9000 多万贫困人口的大数据。2015 年以来，国务院扶贫办每年年底组织开展扶贫对象动态管理工作，严格按照扶贫标准和规范程序，帮助满足脱贫条件的贫困人口脱贫，对新识别和返贫人口及时纳入，实现了贫困人口动态管理常态化。全国扶贫开发信息系统在脱贫攻坚时期发挥了巨大作用，通过数据分析和部门间的数据比对，为扶贫开发决策、扶贫资金分配和管理、扶贫开发项目库建设和实施、行业部门精准帮扶、扶贫开发工作成效考核等提供了数据支撑和技术保障。

通过剖析全国扶贫开发信息系统助力精准脱贫的案例，学生深切感悟中国精准扶贫所取得的非凡成就，激发了他们的爱国情怀与民族自豪感。自改革开放以来，中国成功引领七亿多人口摆脱贫困，占全球贫困人口的七成以上；从 2012 年起，我国农村贫困人口累计减少 9899 万；自 2012 年起每年减贫人口都在 1000 万人以上，相当于欧洲一个中等国家的人口的规模；提前十年完成了联合国 2030 年可持续发展议程的减贫目标。这一系列数据不仅引导学生准确理解国家发展战略，还让他们深刻认识到中国政府集中力量办大事的独特制度优势，从而增强他们承担国家发展重任的历史使命感，坚定中国特色社会主义道路自信、理论自信、制度自信与文化自信。更要激发学生的好奇心与探索欲，促使他们深入探究信息技术如何赋能社会发展，如何实现长效精准脱贫，从而点燃他们创新的火花，鼓励他们拓宽专业视野，培养严谨的治学态度与科学精神，热爱并投身于科技事业。

在课程设计中，将思政元素融入数据库、管理信息系统、数据仓库、决策支持系统以及结构化与非结构化数据等信息系统建设的关键技术要点中，让学生在了解全国扶贫开发信息系统的同时，牢固掌握专业知识。培养以服务人民为己任，具备明辨是非能力、抵御诱惑定力，能够担当民族复兴大任的时代新人。在课程实施过程中，关注当代学生的兴趣爱好与心理特征，实现课程思政的自然融入，让思政教育如同春风化雨，润物无声。教师需将课程思政视为自觉行动，让思政教育在专业课教学中实现“意育”转向，让学生在潜移默化中接受思想的洗礼，成长为有理想、有本领、有担当的新时代青年。

19.3 案例教学整体设计

19.3.1 教学设计

管理信息系统课程坚持以“问题导向与需求导向相结合”的课程理念为核心来设计“‘精准脱贫’如何精准?”这一案例。

1. 学生端——尊重学生的成长规律，巧妙切入思政题材

案例选择关注当代学生的兴趣爱好和心理特征，采用视频与文字相结合的形式，既有视觉冲击感很强的短视频，又有专业性很强的研究报告，引导学生关注我国脱贫攻坚这一具有中国特色的热点和焦点问题。通过分析全国扶贫开发信息系统，引导学生关注我国战略发展方向，潜移默化中培育学生的民族自豪感和爱国报国情怀；通过分析信息系统的不同等级和类型，激发学生拥抱科技的热情，关注大数据、人工智能等科技前沿，独立思考技术发展对国家精准扶贫、贫困动态监测与预警等实践的意义及应用中可能出现的问题；通过分析数据库设计要点，引导学生关注对口帮扶、驻村第一数据、精准帮扶等服务社会责任元素；通过决策支持系统概念的讲解，引导学生思

考如何将主要的数字技术用于解决国家精准扶贫、贫困动态监测与预警等场景中的痛点。让课程内容有深度、课堂氛围有温度、思政教育有力度，使学生在专业学习中无形地浸润于思政教育氛围，符合学生的认知规律，贴近学生的认知曲线，使思政教育做到"润物细无声"。

2. 教师端——提升教师的政治站位，强调科研反哺教学

突出政治引领，加强教师的政治理论学习，参加国家乡村振兴局、农业农村部等部门的政治理论学习和专业学习，将专业学习与政治学习相结合，并将学习成果贯穿教师的思想认识和教学实践，促进教师自我成长。同时，发挥教授名师思政与业务引领作用，将科研成果转化为教学实践。课程教师参与完成了国家社会科学基金重点项目"政策循环框架下深度贫困地区精准脱贫长效机制研究""大数据视角下后2020时期返贫风险监测预警机制研究"和四川省委重大项目"四川农民农村共同富裕"，在设计案例时，结合项目经历与科研成果，引导学生关注我国贫困治理进程中的现实问题，剖析长效精准脱贫的内涵。教师自己不仅热心于贫困治理的研究，还通过言传身教，引导学生关注社会的热点问题和国家的重大战略，鼓励学生把自己的职业理想与国家的发展需求结合起来。将思政元素纳入课堂的考核中，组织学生围绕案例和知识点进行讨论，开展小组演讲展示，提交案例分析报告。

19.3.2 教学实践

1. 课前知识准备

教师精选案例是一个去伪存真、去粗取精的过程。用科学的思维和方法去甄别、筛选、判断其案例是精华还是糟粕、是真实还是粉饰、是正确还是错误，避免出现"择焉而不精，语焉而不详"。在课堂讨论的前1～2周，把与脱贫攻坚相关的文本材料和视频材料发给学生，让学生阅读案例材料，查阅指定的资料和读物，搜集必要的信息，并积极地思索，就案例中的问题初步分析原因并形成解决方案。引导学生正确认识共产党领导下的脱贫攻坚全面胜利的重大意义。通过系统而全面的知识准备，实现教书育人的根本任务，同时加强思想引领，积极传播社会主流价值观，强化学生的政治方向，培养学生树立以扎实的专业知识为基础，主动服务于国家

战略需要的崇高理想信念。

同时，给学生列出一些思考题，让学生有针对性地开展准备工作。这个步骤是必不可少而且非常重要的，让学生充分做好准备工作，能够提升课堂案例教学效果。课前思考问题包括：

（1）国家精准扶贫政策有哪些？

（2）精准扶贫是如何实现“精准”的？

（3）全国扶贫开发信息系统都有哪些数据？

（4）全国扶贫开发信息系统是不是决策支持系统？

（5）如何利用全国扶贫开发信息系统的数据实现“精准”扶贫？

2. 课堂案例讲述

首先，导入案例背景。从中国共产党建党一百周年庆典开始，引入中国脱贫攻坚的伟大成就，提出精准扶贫如何“精准”的问题，把学生带入对“精准”的思考中。

其次，介绍案例主要内容。介绍全国扶贫开发信息系统，让学生对国家在精准扶贫中所使用的信息技术手段有一个初步印象。

再次，讲述案例内容。以精准扶贫的步骤为切入点，讲述每个步骤是如何实现“精准”的，以及在每个步骤中，信息技术是如何发挥作用的；同时，对本章涉及的概念进行讨论，加深学生对相关知识的直观理解。本节课核心知识点包括以下几点。

（1）专家系统的概念：专家系统是一个含有知识型程序的系统，它利用人们在有限范围的知识或经验去解决一个有限范围的问题。

（2）决策支持系统的概念：计算机系统按智慧程度从高到低可以划分为结构化智慧系统（专家系统）、半结构化智慧系统（决策支持系统）、非结构化智慧系统（智慧支持系统）。全国扶贫开发信息系统是利用管理信息系统来做决策支持；现阶段尚未做到决策支持系统。

（3）数据库与数据仓库：数据库是一个长期存储在计算机内，有组织的、可共享的、统一管理的大量数据的集合。数据仓库出于分析性报告和决策支持的目的而创建，为需要业务智能的企业指导业务流程改进，监视时间、成本、质量以及控制等。全国扶贫开发信息系统是数据库，尚未实现数据仓库的功能。

（4）结构化数据与非结构化数据：结构化数据由明确定义的数据类型组成，其模式可以使其易于搜索。非结构化数据通常由不容易搜索的数据组成，其中包括音频、视频和社交媒体发布等格式。

（5）数据库构建与主关键字：不同的数据基础表之间如何建立联系？如何实现查询功能呢？

最后，与学生交流案例带来的启示。从技术层面、现实操作层面、学生发展层面，探讨更好的解决方案和发展方向。

3. 课堂讨论准备

把学生划分为由 3～6 人组成的小组，小组成员要多样化，让他们在准备和讨论时，尝试表达不同意见，加深对案例的理解。各小组的讨论地点彼此分开，各小组应以他们认为最有效的方式组织活动。

4. 小组集中讨论

采用小组集中讨论的方式来拓展和深化学生对案例的理解。教师根据案例重点提出几个问题，组织各小组对这些问题进行重点讨论，将学生的注意力引导到方案的合理解决上来。

各小组派出代表，发表本小组对于案例的分析和思考。每个问题的发言时间一般控制在 5 分钟以内，发言完毕之后发言人要接受其他小组成员的询问并做出解释，此时本小组的其他成员可以代替发言人回答问题。小组集中讨论是一个让学生自由发挥的过程。

5. 小组总结发言

在完成小组活动和小组集中讨论环节之后，留出一定的时间供学生进行独立的思考和总结。这种总结可以是总结规律和经验，也可以是获取这些知识和经验的方式。

6. 课后案例总结

让学生以书面的形式做出案例总结，加深学生的体会，对案例以及案例所反映出来的各种问题有一个更加深刻的认识。学生在课后要结合课堂案例分析和案例讨论中所涉及的方法体系，完成案例分析报告。该报告主题不限于本次教学课程，可以选择与全书教学内容相关的任一主题。

本案例提供的可参考主题：

- 如何用信息技术实现贫困的预警和监测？
- 如何用信息技术解决扶贫开发工作中的“表海”问题？
- 如何用信息技术解决扶贫开发工作中的诚信问题？
- 大数据、人工智能、区块链等技术在扶贫开发、乡村振兴领域的应用场景有哪些？

自选案例可参考主题：

- 大数据、人工智能、区块链等技术在其他领域的应用场景有哪些？
- 大数据系统如何提供抗击新冠疫情信息？
- 人工智能与大数据赋能智慧医疗。
- 大数据在新零售中的应用价值。
- 区块链技术在金融领域中的应用。
- 大数据、智慧城市与智慧交通。
- IBM 的人工智能和云计算——让你的企业更加智慧。
- 大数据时代下企业财务管理转型。
- 大数据在电信行业的应用。

学生通过课后总结和案例撰写，深层次地体会全局观念、系统化思维、构建战略合作关系的重要性，同时强化沟通能力，掌握辩证思维方法，弘扬中华传统美德。

每个小组均完成一份案例研究报告，共七份。案例报告主题涵盖大数据精准扶贫、地铁轨道交通的管理信息系统、O2O 企业在大数据下的精准营销、大数据和 AI 在物流企业中的运用、区块链智能合约在金融领域的运用、大数据与智慧城市建设、众包的技术问题与管理问题等内容。

在案例报告的撰写过程中，学生锻炼了综合知识应用能力、实践能力，培养了合作精神，拓展了创造性思维，提升了计算机技能，学生在选择问题、展开讨论、发表观点、互相探讨、相互评比中，提升了综合学习能力。

学生课程案例研究报告部分成果展示 PPT 如图 19－1 所示。

图 19－1　课程案例研究报告成果展示（部分）

19.3.3　教学反思

1. 与时俱进的案例更能激发学生的学习热情

当前课程教材的案例全部为国外的案例，且较为陈旧，在使用时较难将学生带入案例情境中，也较难在案例中融入课程思政。

随着国家社会与经济的快速发展，我国信息技术发展已经在世界居于较为领先的地位，学生对国家战略规划和国内先进的科技企业有着较高的认知度。通过对国内民族企业、科技企业成长的案例的发掘和设计，引发学生的共鸣，激发学生的兴趣和较高的参与意愿，同时有效点燃学生的民族自豪感和爱国热情。因此，要充分发掘国内的先进典型案例，并紧跟时代步伐，确保案例的时效性和趣味性。

2. 与科研相结合的案例更能让学生明确个人研究方向

中国的扶贫开发是全球减贫事业的重要组成部分，中国的脱贫攻坚成效直接影响着全球贫困治理成果。本案例把教师反贫困研究的相关内容和现实问题融合到案例设计中，没有过多加入教师的评论和分析，让学生根据所学的知识，自己得出结论，引导学生从不同的问题中找到自己研究的兴趣点。

因此，可以将科研项目与课程的案例设计相结合，把教师的工作实际融入教学当中，保证案例所描述事件的真实性，让学生更加直观地了解案例所反映出来的现实问题，并且在解决问题的过程中发现自己的兴趣点和研究点。

3. 课程思政要注重学生综合能力的培养

课程思政案例中包含了社会学、经济学、管理学、公共管理学等跨学科知识，案例的分析、解决过程也较为复杂，需要学生综合运用各种知识和灵活的技巧来处理。学生不仅需要具备基本的理论知识，还要具备跨学科知识，同时应具有审时度势、权衡应变、果断决策等方面的能力。案例不存在绝对正确的答案，目的在于启发学生独立自主地去思考与探索，注重培养学生独立思考能力，引导学生建立一套分析、解决问题的思维方式。

4. 教学设计注重知识点与思政元素的巧妙切入

首先，本课程面向商学院内不同专业的学生开设，鉴于各专业背景的差异导致的学习需求多样性，在教学设计上需充分体现这种差异化。在讲解过程中，教师应引导不同专业的学生根据自身专业特点有所侧重地学习，并在作业布置上实行分类安排，以适应不同专业的需求差异。其次，考虑到学生群体主要为“00 后”，他们思维活跃，对新鲜事物充满好奇，因此课前知识准备采用了包括小视频、文字材料在内的多种形式，以激发学生的学习兴趣。最后，在课程思政案例讨论环节，教师主要扮演组织者和引导者的角色，鼓励学生自主思考、自由讨论、自主展示，确保学生在案例学习中占据主体地位。通过精选案例，让学生在校内就能接触到丰富的社会实际问题，实现从理论知识到实践应用的转化。同时，教师还应启发学生关注社会发展热点，将个人发展规划与国家社会需求紧密结合，探索个人兴趣与未来职业方向的契合点，从而在潜移默化中实施课程思政教育，达到“润物细无声”的效果。

参考文献

[1]习近平.习近平在全国高校思想政治工作会议上强调:把思想政治工作贯穿教育教学全过程　开创我国高等教育事业发展新局面[N].人民日报,2016-12-09(1).

[2]习近平.高举中国特色社会主义伟大旗帜　为全面建设社会主义现代化国家而团结奋斗:在中国共产党第二十次全国代表大会上的报告[M].北京:人民出版社,2022.

[3]冯典.促进19世纪德国大学中科学增长的制度因素分析[J].高等教育研究,2016(7):72-79.

[4]顾明远.再论教育本质和教育价值观:纪念改革开放40周年[J].教育研究,2018(5):4-8.

[5]郝德永."课程思政"的问题指向、逻辑机理及建设机制[J].高等教育研究,2021,42(7):85-91.

[6]张旭,李合亮.廓清与重塑:回归课程思政的本质意蕴[J].思想教育研究,2021(5):116-121.

[7]薛华成.管理信息系统[M].6版.北京:高等教育出版社,2016.

[8]肯尼斯·C.劳顿,简·P.劳顿.管理信息系统[M].15版.黄丽华,俞东慧,译.北京:机械工业出版社,2018.

[9]伍醒.知识演进视域下的大学基层学术组织变迁[M].杭州:浙江大学出版社,2016.

20 另辟蹊径：传统制造企业突破资源约束实现数字化转型

霍丽莎①

摘要：本研究以数字化转型时期如何破解企业的“资源约束困境”为主线，将思政元素与专业知识相结合，以教学案例为呈现形式，突出传统制造企业的数字化转型路径研究。本研究基于案例企业的基本情况、教学案例思政元素分析、教学案例分析思路三个方面对课程思政内容展开分析，重点探讨在课程案例建设中，结合中国元素，讲好中国故事；紧跟时事，聚焦前沿；深挖教学内容，激发学生创新思维，从而强化课程思政教育的实际效果。

关键词：课程思政；资源约束；数字化转型

20.1 课程和案例的基本情况

课程名称：战略管理课程、创新与创业管理课程。

授课对象：商学院本科生及研究生。

课程性质：必修课。

课程简介：本课程是为商学院各管理类专业开设的专业课。本案例适用于战略管理课程中“企业战略转型”专题教学，同时由于数字化是创新的一种模式，本案例也适用于创新与创业管理课程中“数字化创新”专题的相关教学。

适用对象：本案例适用对象为商学院管理类本科生及研究生相关课程

① 霍丽莎，河北邯郸人，讲师，博士，西南民族大学商学院教师，主要研究方向为数字创新、数字创新生态系统、联盟竞合，邮箱：742583578@qq.com。项目来源：西南民族大学2023年专业学位研究生教改项目“另辟蹊径：传统制造企业突破资源约束实现数字化转型”（项目编号：12331234005）。

的教学。此外，也可用于 MBA、EMBA 的教学，适合有一定工作经验的学员和管理者阅读学习。

教学目标：根据埃森哲发布的《2022 中国企业数字化转型指数》研究，转型成效显著的中国企业仅占比 17%，中国制造面临“不转等死，转不好找死”的风险（肖静华等，2021）。在此情形下，如何突破困境，实现数字化转型，既是四川省传统制造企业亟待解决的实践难题，也是企业战略变革、创新管理研究需要探讨的理论议题。在当今社会，全球经济的复杂性和不确定性日益增强，面对复杂的冲击和挑战，企业需要根据外部数字化发展趋势突破自身的资源约束来决定数字化转型路径以及价值共创机理。

本研究选择了世界白色家电第一品牌海尔作为案例研究对象，探究其数字化转型全过程。本案例企业是所属行业的龙头企业，且所在领域必须为传统制造企业；经历了长期的数字化转型过程，实现了各阶段的数字化从无到有的探索。同时，对数字生态系统的搭建具有自己的创新之处，且在所属生态系统中占据主体地位。全面系统地呈现一家代表性企业从无到有实现数字化转型的过程，通过重点讲述传统企业开展数字化转型的成功因素和关键路径，以期达到以下教学目的。

1. 掌握理解知识点

数字创新生态系统的内涵、特征，数字化转型的过程，数字化战略，数字化转型路径等。

2. 主要能力训练点

厘清数字化的内涵特征，识别、归纳案例中涉及的企业数字化建设的驱动因素，准确提取案例中的有效信息。提升学生的综合归纳能力。

运用数字化战略相关理论进行决策主体的情景化分析，引导学生理论联系实际分析案例核心内容，系统性地识别企业进行数字化转型遇到的核心问题并进行优劣势分析，有效提出解决方案。提升学生分析问题、解决问题能力。

针对外部市场的激烈竞争和内部管理的不确定性，对案例描述的主要事件点进行深入剖析，挖掘案例中隐含的数字化生态构建和数字化转型的具体路径，做出合理决策和实践应用。提升学生的战略决策能力。

此外，在案例学习和讨论交流中，有意识地强化学生的沟通能力，培养学生整合小组意见的协调能力以及团队协作能力。

20.2　教学案例思政元素分析

“另辟蹊径：传统制造企业突破资源约束实现数字化转型”案例可运用于战略管理课程或创新与创业管理课程。通过对数字创新生态系统的内涵、特征，数字化转型的过程，数字化战略，数字化转型路径等内容的讲解，帮助学生更好地理解和接收理论知识点；同时，使学生深刻了解中国市场经济的伟大成就，进一步坚定对我国经济社会发展和中华民族伟大复兴的信心，热爱祖国，增强民族自豪感。

作为一种新经济形态，数字经济已经成为经济增长的动力源泉，是转型升级的驱动力，也是全球新一轮产业竞争的制高点。党的二十大报告明确指出，要“加快建设数字中国，发展数字经济，促进数字经济和实体经济深度融合，打造具有国际竞争力的数字产业集群”。2022 年 11 月 29 日，中国共产党四川省第十二届委员会第二次全体会议指出四川省工业化处于由中期向中后期转型推进期。必须把发展经济的着力点放在实体经济上，坚持工业兴省，大力实施制造强省战略，在优势产业高端化上做文章，在传统产业新型化上下苦功。随着数字技术的快速革新，企业发现通过应用数字技术可以极大地提高数据收集与处理的速度。企业意识到数字化对企业发展的重要作用后，开始有意识地逐步全面开展数字化转型，重构传统商业关系。数字化转型不仅拓展了产业边界，也改变了数字平台和生态系统中企业间的竞合关系。数字化转型理念创新了传统企业发展路径、资源编排方式、商业模式、价值创造方式，为经济社会发展提供了科学路径，是实事求是思想路线的生动体现，是一切从实际出发、具体问题具体分析科学方法的成功运用，体现了市场经济的优越性。

案例中选取的海尔集团在 1984 年成立于山东青岛，从濒临破产、资不抵债的集体小厂发展成全球领先的物联网生态型企业。海尔取得显著成就的背后，离不开海尔人一以贯之的创新思维。早在 2000 年，海尔的创始人张瑞敏就提出了“不触网，就死亡”的海尔宣言。在当时的中国，互联网行业刚刚起步，但海尔以敏锐的眼光看准互联网对海尔未来生产与发展的重要影响，海尔是中国传统制造企业开始接触互联网助力企业发展的行业领军者。2005 年，海尔提出“人单合一”的发展战略，将个人的价值与其创造的用户价值紧密联系。

2012 年，海尔正式迈入互联网时代，提出了构建平台型企业的发展格局，并确立了“企业平台化、用户个性化、员工创客化”的“三化”发展战略，这标志着海尔开始进入数字化机会识别阶段。2013 年，海尔在青岛成功举办了以“商业生态平台战略”为主题的全球商业模式创新论坛，探讨了以“生态平台战略”为核心的互联网时代商业模式创新路径。同年，海尔与阿里巴巴集团达成战略合作，在数字化领域共同探索，开启了战略合作的新篇章。

2014 年，海尔打破企业原有科层结构，将所有员工变成创客，让员工真正成为创业者。原有企业边界消失，海尔从传统家电制造企业转化为创客孵化平台，从封闭企业转变为开放的共享服务平台。海尔依托丰富的生态产业资源，创立了海尔生态品牌——海创汇。海创汇通过建立一个开放的共享资源平台，激发了海尔员工的创新活力，更吸引全球创客的加入，为中小型企业的成长提供了肥沃的孵化土壤。同年，随着海尔智能家电的增加，海尔将用户数据和设备连接的 Uhome 平台升级为“U +”，向第三方开放，极大地丰富了海尔生态圈，标志着海尔进入了数字化试行阶段。2017 年，随着海尔数字化程度的提高，为进一步满足用户需求，拥有中国自主知识产权的工业互联网平台卡奥斯 COSMOPlat 应运而生，推动了中国企业从大规模制造到大规模定制的转型升级，将用户由被动的购买者转变为参与者、创造者（见图 20 – 1）。

2019 年，海尔提出建立适应物联网时代的生态链小微群，以用户体验为中心打造海尔生态系统，标志着海尔进入了数字化转型突破阶段。2020 年，海尔成立了集团旗下的首个场景品牌——三翼鸟，开辟了从卖产品到卖场景的新赛道。依托海尔较为完善的生态系统，三翼鸟为用户提供了因需而变的个性化解决方案，让物联网真正走进了千家万户。在 2022 年的 BrandZ 最具价值全球品牌榜中，海尔连续四年以全球唯一物联网生态品牌上榜，这充分证明了海尔生态系统在全球范围内的领先地位（见图 20－2）。

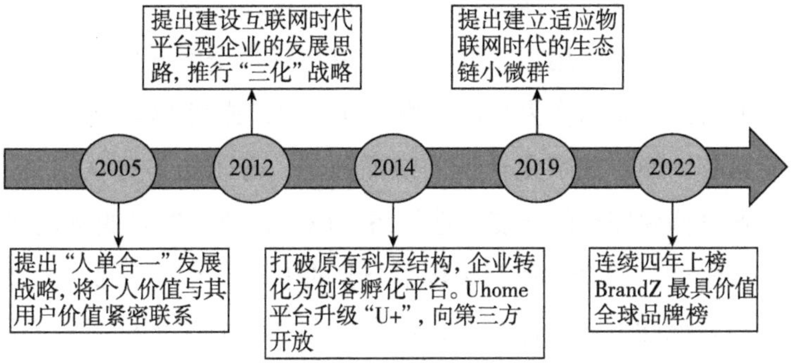

图 20－1　海尔数字化转型关键事件时间轴

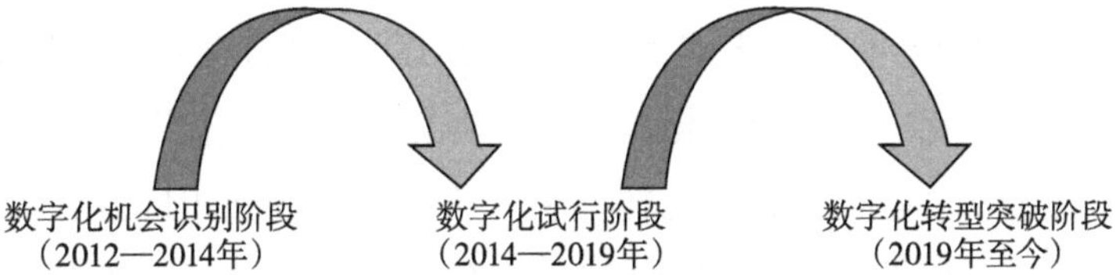

图 20－2　海尔数字化转型阶段划分与演进

通过案例引领，系统挖掘思政元素并将其融入企业数字化转型过程中的数字生态系统构建、组织竞合及数字价值共创的技术要点中，让学生在深刻理解传统制造企业突破资源约束实现数字化转型的同时，掌握专业知识点。本课程面向高年级人文社会科学的本科学生，突出学生“主体创新”，旨在培养具有国际化视野、创新管理知识、创意思考能力、系统管理创新能力以及创新实践能力的综合管理人才，着重提升学生的数字创新、人工智能应用和有责任创新的情怀，使他们能够深刻认识到在数字时代背景下，自主创新和可持续发展对于社会进步的重要性。

20.3　教学案例分析思路

20.3.1　教学设计

课程坚持以“问题导向与需求导向相结合”的课程理念为核心来设计“另辟蹊径：传统制造企业突破资源约束实现数字化转型”这一案例。

首先，导入案例背景。近年来，中国高度重视数字创新工作。党的二十大提出，“加快发展数字经济，促进数字经济和实体经济深度融合，打造具有国际竞争力的数字产业集群”。随着数字技术的快速革新，企业发现通过应用数字技术可以极大地提高数据收集与处理的速度。企业意识到数字化对企业发展的重要作用后，开始有意识地逐步全面开展数字化转型，重构传统商业关系。海尔作为全球大型家电品牌，连续13年蝉联全球大型家电零售量榜首。面对数字化转型的汹涌浪潮，海尔始终勇立潮头，引领行业前行。通过构建完整的智能制造体系，应对行业颠覆式变革发展的挑战。埃森哲将海尔称为“全球数字化转型企业的中国典范”。因此，海尔如何构建数字生态系统助力数字化转型，数字生态系统的演化机制成为本案例研究关注的重点。提出传统制造企业如何突破资源约束实现数字化转型的问题，把学生带入对传统制造企业如何在数字化潮流“另辟蹊径”的思考中。

本案例以2012年海尔正式提出互联网时代的平台型企业的发展格局，提出“企业平台化，用户个性化，员工创客化”的“三化”发展战略故事为起点，概述海尔集团的数字化转型引入阶段，从而引出问题：面对“数字化”是这个时代企业的“必选项”，海尔集团的成功是否有捷径？海尔集团的数字化转型模式是否对其他企业具有可借鉴与可复制性？当今企业怎样才能更好地在数字化时代可持续发展？

其次，进入案例主要内容部分，介绍海尔的数字化转型过程。第一部分主要讲述2013年海尔以“生态平台战略”为核心开展互联网时代商业模式创新，从而引出数字化转型的基本定义和内涵。第二部分主要讲述海尔如何分阶段落实数字化转型计划。面对数字化转型的汹涌浪潮，海尔如何在这场大潮中始终立于行业前端，通过构建完整的智能制造体系，应对行业颠覆式变革发展的挑战。在“数字化机会识别”“数字化试行”和“数字化转型突破”三个阶段海尔集团主要采取两个行动：构建数字生态系统和进行数字资源编排。这两步的落实体现了海尔所采取的数字化转型战略。第三部分主要讲述海尔从数字价值主张到数字价值捕获再到数字价值共创的演化过程。第四部分分析海尔探究企业如何从跨界联结到依附式升级最终实现共生式演化的机制，进而逐步总结海尔在数字化转型过程中的经验和启示。

最后，展望海尔的未来发展。意在引导学生思考“数智化”与“企业发展”的关系，探讨“数字化转型”对于传统企业发展和社会改革的重要意义。

20.3.2 教学组织过程

1. 课前计划

提出启发思考题，并将案例资料发放给学生，请学生在课前完成阅读和初步思考，并查阅补充与案例相关的其他背景资料。

2. 课中计划

简要的课堂发言，明确主题“海尔的数字化转型过程”（5 分钟）；

分组讨论案例所附启发思考题，告知发言要求（25 分钟）；

小组发言（根据班级人数分成若干小组），选择 3 组发言，同时将其他小组的讨论结果收集起来，并报告每个小组的讨论结果（40 分钟）；

当讨论结束后，对每个思考题所涉及的关键知识点进行阐述，并进行归纳总结，梳理案例中所涉及的理论知识，梳理案例逻辑（20 分钟）。

3. 课堂讨论准备

把学生划分为由 3 ~6 人组成的小组，小组成员要多样化，让他们在准备和讨论时，尝试表达不同意见，加深对案例的理解。各小组的讨论地点彼此分开，各小组应以他们认为最有效的方式组织活动。

4. 小组集中讨论

采用小组集中讨论的方式来拓宽和深化学生对案例的理解层次。教师根据案例重点提出几个问题，组织各小组对这些问题进行重点讨论，将学生的注意力引导到方案的合理解决上来。

各小组派出代表，发表本小组对于案例的分析和思考。每个问题的发言时间一般控制在 5 分钟以内，发言完毕之后发言人要接受其他小组成员的询问并做出解释，此时本小组的其他成员可以代替发言人回答问题。小组集中讨论是一个让学生自由发挥的过程。

5. 小组总结发言

在完成小组活动和小组集中讨论环节之后，留出一定的时间供学生进行独立的思考和总结。这种总结可以是总结规律和经验，也可以是获取这些知识和经验的方式。

6. 课后案例总结

通过最后的课后问题，让学生以书面的形式做出案例总结，加深学生的体会，对案例以及案例所反映出来的各种问题有一个更加深刻的认识。学生在课后要结合课堂案例分析和案例讨论中所涉及的方法体系，完成案例分析报告。

20.3.3 教学反思

该课程通过真实的案例研讨使学生更加深入直观地了解数字创新的内容、数字化转型路径及其重要意义。在今后的课堂案例研讨中应更加注重调动学生的积极性，同时将理论知识、职业发展规划、社会服务需求更好地融入案例分析中，从而提升学生分析以及解决实际问题的能力。

20.4 课程思政教学目标

通过案例讨论，让学生了解传统制造企业数字化转型的重要性和内容，深刻理解我国数字创新的基本走向和未来图景，并思考在谋求自身发展的同时如何参与数字创新实践。

树立学生参与数字创新的意识，让他们认识到，个人的职业选择应与整个社会的发展紧密相连，鼓励学生有勇气、有信心去拥抱数字经济的发展，用自己的智慧和努力为数字经济的繁荣贡献一份力量。

20.5 相关教学经验

积极推行以学生为主体的教学模式，强调学生个性的彰显、师生间的互动以及学生创新管理能力的提升。在课堂讲授中，巧妙地融入思政元素，以“润物细无声”的方式向学生传递正确的价值观，培养他们的专业自豪感、民族自信心和深厚的爱国情怀。

在从专业知识向思政教育的自然过渡中，要注重语气和情绪的平和自然，时刻关注学生的听课情绪，激发学生的参与热情，引导学生积极投身课堂讨论。通过案例讨论这一环节，引导学生关注社会发展，树立公共服务创新的意识，并深入思考如何将个人实践与社会创新紧密结合，从而在追求个人发展的同时，实现社会目标、增进社会公益、创造社会价值。

在课堂上，学生能够积极地、有准备地参与课堂讨论。通过海尔集团数字化转型过程的案例展示，学生对社会创新的重要性及其具体实践有了更为深刻的认识，同时学生参与数字创新的意识得到了显著提升。学生不仅牢固掌握了相关理论知识，还对我国社会创新的未来趋势有了更为全面的了解，进一步加深了学生将个人职业选择与社会发展紧密结合的认识。这样的教学模式，不仅丰富了学生的知识体系，更拓宽了学生的视野，为学生的未来发展奠定了坚实的基础。

参考文献

[1]彭珍珍，顾颖，张洁．动态环境下联盟竞合、治理机制与创新绩效的关系研究[J]．管理世界，2020(3):205-220,235.

[2]戚聿东，杜博，温馨．国有企业数字化战略变革:使命嵌入与模式选择——基于3家中央企业数字化典型实践的案例研究[J]．管理世界，2021(1):110,137-158.

[3]曲永义．数字创新的组织基础与中国异质性[J]．管理世界，2022(10):158-174.

[4]肖静华，吴小龙，谢康，等．信息技术驱动中国制造转型升级:美的智能制造跨越式战略变革纵向案例研究[J]．管理世界，2021(3):111,161-179,225.

[5]杨震宁，赵红．中国企业的开放式创新:制度环境，"竞合"关系与创新绩效[J]．管理世界，2020(2):139-160.

[6]朱虹，张逊，杜得扬，等．埃森哲《2022中国企业数字化转型指数》:中国企业数字化进程五年间稳步推进，17%企业成领军者[EB/OL]．(2022-10-28). https://www.accenture.com/cn-zh/about/newsroom/company-news-release-china-dti-2022.

21　民族院校工商管理类专业课程思政共享案例开发的尝试

燕宇飞①

摘要： 工商管理类专业的教学注重科学商业决策能力的培养，既需要正确的思想政治意识引导，又需要系统性、连贯性、多学科维度的教学内容支持。在民族院校中，工商管理类专业的教学更要发挥课堂主渠道的育人功能，以铸牢中华民族共同体意识为主线建设课程思政体系。面对目前存在的课程之间思政教学联系不强、思政案例拓展性不强、思政要点联动性不强等问题，本研究结合笔者自身的专业课程教学实践，对案例“中国高铁：二桃杀三士”的开发过程及使用结果进行梳理，尝试形成工商管理类专业课程思政教学共享案例开发的探索经验，以促成课程思政教学案例的储备“多彩多样、常用常新”。

关键词： 课程思政；共享案例；跨学科；工商管理

面向未来的、有担当的商科人才，需要有能力在纷繁复杂的商业环境中运用所学知识高效配置资源，并做出系统的、跨学科的、跨团队的科学商业决策，其培养过程既需要有正确的思想政治意识引导，又需要系统性、连贯性、多学科维度的教学内容支持。2016 年，习近平总书记在全国高校思想政治工作会议上强调，要“把思想政治工作贯穿教育教学全过程，实现全程育人、全方位育人，努力开创我国高等教育事业发展新局面”。2020 年，在教育部《高等学校课程思政建设指导纲要》的引领下，各高校开始将思想政治教育贯穿人才培养体系，全面推进高校课程思政建设，发挥好

---

① 燕宇飞，男，西南民族大学商学院市场营销系副主任，讲师，管理学博士。项目来源：受西南民族大学科研启动金资助项目（项目编号：RQD2023055）支持。

每门课程的教育作用和引领作用，全面实现课堂主渠道育人的功能与使命。2021 年召开的中央民族工作会议明确提出，“以铸牢中华民族共同体意识为主线，推动新时代党的民族工作高质量发展”。

在思想政治教育和铸牢中华民族共同体意识教育的背景下，西南民族大学商学院坚持把立德树人作为育人的根本任务，以铸牢中华民族共同体意识为主线积极挖掘和融入课程思政元素，利用课堂教学场景强化思想政治引领，目前已成功构建起一套适应新时期社会和科学发展需要、积极弘扬社会主义核心价值观、培育铸牢中华民族共同体意识的优秀商科人才培养体系。经过不断的改善与实践，学院已组建立 17 个以课程为导向的课程思政工作团队，形成了上下衔接、内容完整的课程体系。目前以课程（组）为基本单位的课程思政建设思路在充分保证课程专业性的同时有效与思政元素结合，但仍存在课程之间思政教学联系不强、思政案例拓展性不强、思政要点联运性不强等问题，在案例的可共享性上有较大发展空间。

开发可共享的课程思政案例，不仅能够促进各课程思政工作团队之间的深入交流与协作，还能在学院乃至学科群层面营造出相互借鉴、共同进步的良好氛围。这种积极有效的交流机制将进一步激发课程思政案例建设的活力，推动案例开发向更深层次、更广领域迈进。最终，这些共享案例的开发成果将全面服务于教学工作，助力课程思政教学案例库的丰富与更新，实现“多彩多样、常用常新”的目标。本研究基于笔者对工商管理类专业课程的教学实践经验，并结合共享案例的实际应用尝试，对“中国高铁：二桃杀三士”这一案例的使用情况及经验进行归纳总结。

21.1 案例介绍

“中国高铁：二桃杀三士”案例选材自《高铁风云录》一书，综合中文互联网文字资料进行汇编与迭代，主要讲述中国铁路部门充分利用买方市场优势“以市场换技术”，突破“卡脖子”技术的精彩谈判过程。

2004 年，中国铁路正在布局“四横四纵”高速铁路网络，努力通过高速铁路网络拉近全国 960 多万平方千米陆地面积的时空距离，做到未来每一个地级中心城市都会开通高铁站。中国追求的不仅是能够满足人民基础出行需求的动车组数量，更渴望掌握从生产、制造、装配到维修等所有环节在内的先进技术。彼时，美国航空业已发展成熟，并无修建高速铁路的明显意向；欧洲大陆的政治格局复杂多变；非洲地区则普遍缺乏高速铁路消费能力。因此，中国市场成了当时全球唯一庞大、统一且稳定的高速列车消费市场。中国铁道部发布的标的为 140 列时速 200 公里的动车组订单引起全球关注，“以市场换技术”的高铁技术引进谈判即将拉开序幕。

当时，高速铁路领域的尖端技术主要掌握在四家企业（或企业联盟）手中：德国西门子、法国阿尔斯通、日本高铁联合体以及加拿大庞巴迪。其中，德国西门子以其先进的技术实力成为中国铁道部的首选目标，但其凭借技术优势和需求预测的盲目自信，始终保持着高傲的姿态，报价高达每列动车组 3.5 亿元人民币，并附加 3.9 亿欧元的技术转让费。

面对这一情况，中国铁道部充分利用市场主导地位，为竞标企业设定了一系列严格的准入规则：首先，投标公司必须是中国企业，这意味着四家外资企业无法以独立法人身份参与；其次，投标的中国企业必须拥有国外成熟技术的支持（包括中国合资公司）；第三，关键技术必须转让；第四，价格必须最低；第五，产品必须使用中国品牌。这些规则使得四家外资企业只能与中国铁道部指定的南车四方和北车长客进行谈判，商讨在中国境内成立合资公司的事宜。在这四家企业中，加拿大庞巴迪因早年与南车四方有合作基础且态度友好，因此只需等待中国铁道部的合作意向即可。而谈判的焦点则集中在德国西门子、法国阿尔斯通和日本高铁联合体与南车四方、北车长客之间，形成了一场典型的“二桃杀三士”的局面。

谈判异常激烈，耗尽了 41 天的预设时间。谈判过程中，北车长客偏好的合作对象是德国西门子，而南车四方则倾向于与日本高铁联合体合作。法国阿尔斯通左右逢源，同时与南车四方和北车长客谈判，这为德国西门子和日本高铁联合体施加了不小的压力。德国西门子漫天要价并设置 50 多项技术转让障碍，在中国铁道部官员出面交涉时也误判形势，认为中国官方在谈判中妥协，态度更加嚣张。中国铁道部明确要求在投标截止日期前完成所有谈判：最终，北车长客加速与法国阿尔斯通的谈判并直接签约；南车四方与日本高铁联合体顺利达成协议并投出标书；加拿大庞巴迪因其高度配合也获得了中国高铁市场的入场券。而德国西门子因不肯让步，最终黯然出局。这一消息传回德国后，西门子股价暴跌，整个谈判团队也被总部解雇。在中国铁道部的精心策划下，中国企业成功获取了日本、法国和加拿大的先进高铁技术。这次史无前例的技术引进，为中国高铁技术的迅猛发展奠定了坚实基础。

21.2 课程思政要素融入点

“中国高铁：二桃杀三士”的课程思政内容相对固定，主要课程思政元素融入点及思政教学目标如表21－1所示。

表21－1 “中国高铁：二桃杀三士”案例课程思政元素融入点及教学目标

案例内容	课程思政元素	思政教学目标
“二桃杀三士”	中国古人智慧的现代应用，突出文化自信	感受到文化自信，鼓励学生培育做事前多思考，做事时尊重他人的良好品德
中国市场是当时全球唯一庞大、统一且稳定的高速列车消费市场	政治稳定推动经济发展，社会稳定离不开中国共产党的领导	理解坚持中国共产党的坚强领导，是社会环境长期稳定并充满活力的关键
以市场换技术	面临技术封锁寻求破局之路，中华民族伟大复兴	体会中华民族伟大复兴的梦想以及不屈不挠的奋斗精神

21.3 工商管理类专业课程内容衔接点

“中国高铁：二桃杀三士”是一个真实的商业故事，案例内容涉及多门工商管理类专业目前开设的课程，各类课程专业知识的接入点如表21－2所示。

表21－2 “中国高铁：二桃杀三士”案例专业课程名称及知识接入点

案例内容	相关知识点	可适用课程
“二桃杀三士”	激励机制；竞争策略	战略管理课程、人力资源管理课程
中国追求的不仅是能够满足人民基础出行需求的动车组数量，更渴望掌握从生产、制造、装配到维修等所有环节在内的先进技术	采购技术的原因、目的、成本测算、决策依据等	采购管理课程、战略管理课程

续表

案例内容	相关知识点	可适用课程
彼时，美国航空业已发展成熟，并无修建高速铁路的明显意向；欧洲大陆的政治格局复杂多变；非洲地区则普遍缺乏高速铁路消费能力。因此，中国市场成了当时全球唯一庞大、统一且稳定的高速列车消费市场	市场机会识别、行业分析、宏观环境分析、市场调研	战略管理课程、市场营销学课程、社会调查课程、采购管理课程
中国铁道部发布的标的为140列时速200千米的动车组订单引起全球关注，“以市场换技术”的高铁技术引进谈判即将拉开序幕	市场结构、买方市场、完全垄断市场	市场营销学课程、战略管理课程、采购管理课程、宏观经济学课程
中国铁道部充分利用其市场主导地位，为竞标企业设定了一系列严格的准入规则：首先，投标公司必须是中国企业，这意味着四家外资企业无法以独立法人身份参与；其次，投标的中国企业必须拥有国外成熟技术的支持（包括中国合资公司）；第三，关键技术必须转让；第四，价格必须最低；第五，产品必须使用中国品牌	政府采购、招投标采购	采购管理课程
谈判异常激烈，耗尽了41天的预设时间。北车长客偏好的合作对象是德国西门子，而南车四方则倾向于与日本高铁联合体合作。法国阿尔斯通左右逢源，同时与南车四方和北车长客谈判，这为德国西门子和日本高铁联合体施加了不小的压力	商务谈判策略	商务谈判课程

21.4 共享案例使用情况汇报

笔者目前主讲的本科生课程有市场营销系必修课网络营销课程、物流管理系必修课采购管理课程、工商管理大类必修课创业学课程、通识选修课商业分析工具——从入门到实践课程，学生覆盖大一至大四共四个年级，在教学过程中均使用到了“中国高铁：二桃杀三士”案例。案例使用情况总结汇报如下。

首先，从案例话题的吸引力来看，学生在日常生活中无论是上学还是出游，都会频繁接触到高铁和铁路网络，因此该案例能够无差别地引起学生的兴趣和关注。其次，从案例内容的语言风格来看，该案例取材自《高铁风云录》，本身就带有一定的故事性和趣味性，加之结合课程内容的专业表述，可以使学生在听故事的过程中感受专业知识与思政内容，有助于拉近师生之间的距离。再次，从课程性质的适应性来看，按照各门课程的知识点设计，灵活调整案例的详略和深度。对于重要知识点，会完整地呈现案例，并预留充分的课堂时间供学生们讨论交流；对于一般知识点，则重点突出与知识点相关的内容。最后，从学生年级分布的学情来看，针对不同年级的学生采用不同的讲述方式。对于低年级的本科生，倾向于采用“故事式”的讲述方式，通过案例的故事性将知识点和课程思政要点融入讲授内容；而对于高年级的本科生，则更倾向于采用“探索式”的讲述方式，通过逐步推进、逐步拆解、边讲边评的节奏，引导学生深入挖掘和感受知识点和课程思政内容的深刻内涵。

参考文献

[1]高铁见闻．高铁风云录[M]．长沙:湖南文艺出版社,2015.

[2]丁兰,尚松．铸牢中华民族共同体意识的高校课程思政路径:以中华文明类课程为例[J]．中南民族大学学报(人文社会科学版)，2023，43(8)：34－41.

[3]岳凤兰,赵曾臻．铸牢中华民族共同体意识融入高校思政课教学的价值耦合与实践路径[J]．民族教育研究，2023(2):92－99.

[4]邸皓,李萍,郑宏丹．大思政背景下物流管理专业建设与教师能力提升的联动机制探索:评《物流管理专业建设的实践与探索》[J]．科技管理研

究，2023，43(3)：I0009.

[5]商亮．高校工商管理专业思政改革创新路径[J]．山西财经大学学报，2023，45(S01)：157－159.

[6]阮崇友．基于课程思政的高校创新创业教育实践研究：评《思创融合实践研究——关于思想政治教育与创新创业教育融合的实践探索》[J]．科技管理研究，2022，42(2)：I0019.

22　会计专业课程思政业融合教学探讨

刘秀兰①

摘要：习近平总书记指出："思想政治理论课是落实立德树人根本任务的关键课程。"加强高校思政课体系的建设具有必要性和重要性。思政课体系建设是为了落实立德树人的根本任务，培养学生正确的思想观、价值观和人生观，也是对当前社会中财务造假案屡禁不止这一现实问题的有力回应，强调了思政教育的防范作用。本研究进一步探讨了会计专业课程教育与思政教育融合的可能性，会计专业思政教育不是简单空洞的"假、大、空"说教，而是根植于会计课程内容与思政教育之间的内在联系中。会计课程培养目标、会计信息质量要求，以及税费核算等内容，均与国家方针政策和经济发展政策紧密相连。在此基础上，针对如何落实会计专业课程思政业融合教学提出了相应的对策建议。

关键词：课程思政；会计专业；思政业融合教学

党的十八大以来，党中央高度重视全党全国人民的思想政治建设，同时把高校课程思政和专业思政提升到高校建设的战略高度。2018 年 6 月召开的全国高校本科教育工作会议中提出，要把课程思政、专业思政提升到中国特色高等教育制度层面来认识。2020 年 5 月，教育部印发《高等学校课程思政建设指导纲要》，明确所有教师、所有课程都要承担好育人责任，进一步强化课程思政，使各类课程与思政课同向同行，对于构建大思政体系建设具有深远影响和积极意义。

---

① 刘秀兰，女，西南民族大学商学院教授，主要研究方向为财务会计理论与实务。

22.1 对高校会计专业思政课体系建设的理解

22.1.1 办好思政课，落实立德树人根本任务

在商品经济社会不断发展的过程中，传统的价值观、思想观和人生观遭遇了前所未有的冲击与挑战，部分观念甚至遭受扭曲。拜金主义思潮悄然兴起，一些官员因私欲膨胀，深陷巨额贪腐的泥潭；有的国企高管则借职务消费之名，行特权之实，在衣食住行娱等方面极尽奢侈之能事，频繁上演“不落腰包的腐败”的闹剧。更有部分企业，为追求经济利益的最大化，不惜触犯法律红线，违规偷税漏税，甚至授意财务人员伪造财务数据，最终难逃法网，不仅自食恶果，更在社会上造成了极其恶劣的影响。为有效扭转这一不良社会风气，党中央推进了全面从严治党的重大战略部署，并从思想源头上强调了学校教育中加强思政教育的重要性。习近平总书记强调：“思想政治理论课是落实立德树人根本任务的关键课程。”对于即将步入社会的会计专业学生而言，培养正确的价值观、思想观和人生观，不仅是国家立德树人根本任务的必然要求，更是帮助他们树立正确导向、成长为社会所需之才的重要途径。

22.1.2 高校思政课体系建设是树立思政业融合理念

习近平总书记指出，思想政治教育“既要有惊涛拍岸的声势，也要有润物无声的效果”，指明了高校思政课开设的方向，即高校思政教育不是简单的、强硬的、假大空似的思想灌输，而是需要将思政教育和业务知识传递以及学术探讨有机结合。对于应用性强的专业课程，更要高度重视思政课的实践性，在实践中领悟思政内容，检验思政理论的科学性和指导性，通过理论和实践的融合，塑造学生立德树人的良好品行，了解国家的重大方针政策，提高个人知识水平和业务能力。在这一过程中，学生不仅能够掌握扎实的专业知识，更能在工作中灵活运用，将业务能力与管理能力相结合，增强自身的社会适应力和竞争力。更重要的是，这种教育模式能够引导学生形成由自我修养到家庭和谐，再到国家治理乃至天下大同的广阔视野和崇高理想，即“修身、齐家、治国、平天下”的儒家传统智慧在现代社会的生动体现。

22.1.3 我国屡禁不止的财务造假案引发了思政课教育的必要性

改革开放以来，随着我国经济的快速发展，部分企业受利益驱使，加之市场经济体制尚待完善，原《中华人民共和国证券法》对资本市场及财务信息监管不严，导致了一系列严重的财务造假事件。该法规定，如果查实财务造假，处罚是没收违法所得，对公司处以三十万元以上六十万元以下的罚款。对直接负责的主管人员和其他直接责任人员，处以三万元以上三十万元以下的罚款。这种相对轻微的惩处力度，在利益面前显得苍白无力，从而助长了企业财务人员违反会计职业道德、进行违法财务造假的风气，自20世纪90年代起便屡禁不止。

银广夏公司从1998—2001年，累计虚增利润高达77亿余元，其造假手段之恶劣，涉及原料购进、生产、销售、出口等多个环节，伪造了包括销售合同、发票、银行票据、海关出口报关单和所得税免税文件在内的全部单据。绿大地在2004—2007年，其董事长、财务总监等人更是利用相关银行账户操控资金流转，通过伪造合同、发票、工商登记资料等手段，少付多列、虚构交易业务、虚增资产，共计虚增营业收入2.96亿元，成功包装业绩上市。上市后，绿大地继续实施财务报表造假，2008年虚增收入8564.68万元，2009年虚增收入6856.1万元。紫鑫药业在2010年和2011年，通过控制的子公司及影子公司之间的自我循环交易，低买高卖，进行关联方交易，虚增营业收入和净利润，被誉为“第2个银广夏”。华锐风电在2013年6月因被证监会立案调查，被认定进行了虚假的出库、入库操作，并依据虚假报告进行了账务处理，使得部分项目在不满足条件的情况下确认了收入，涉嫌虚增收入、虚转成本、虚增利润等违法违规行为。而康美药业在2016—2018年，更是通过多种手段进行了大规模的财务造假，累计虚增货币资金886.8亿元，累计虚增营业收入291.28亿元，累计虚增营业利润41.01亿元。证监会对此事的通报措辞严厉，称“康美药业有预谋、有组织，长期、系统实施财务造假行为，恶意欺骗投资者，影响极为恶劣，后果特别严重”。

这一系列财务造假案例，不仅是对会计职业道德的严重践踏，更是思想政治教育缺失的恶果。长期以来，尽管会计职业道德和相关法规要求明确，但由于对会计界的思想教育贯彻不彻底，加之对财务造假的惩罚力度过轻，财务造假事件屡禁不止，严重损害了中小投资者的利益。这些事件再次凸显了加强会计职业道德教育、加强思想政治教育以及强化财务造假惩戒力度的必要性和紧迫性。

22.2 会计专业课程思政内容体现

会计专业是理论和实际紧密结合的应用性专业，相关课程教学内容既涉及很多专业技术处理方法及其应用，也与国家思政教育培养目标紧密结合。

22.2.1 会计专业课程目标是培养思政业融合的有用人才

2001 年，时任国务院总理朱镕基在北京国家会计学院题词“诚信为本，操守为重，遵循准则，不做假账”，这是对高校会计教育及会计职业寄予的殷切希望，也是对高校会计专业培养目标的思政要求。我国发布的会计准则和会计法，都要求会计人员具备良好的职业道德，坚决抵制做假账的行为。因此，会计专业教学目标是通过本专业知识的学习，使学生不仅熟练掌握会计要素的账务处理技巧、会计报表的编制方法，而且能灵活地根据企业的特点，为投资人、债权人、政府机关等多元化的报表使用者提供满足其特定需要的信息服务。相关理论及实务的教学中，无论是总体教学目标设定，还是具体业务处理的细节，都涉及思政教育的内容。

22.2.2 会计处理必须符合思政要求的会计准则及相关法规

按照会计准则及会计税务法规要求，企业会计人员通过账务处理程序最后形成的财务报告必须符合可靠性、相关性、可比性、谨慎性、实质重于形式等要求，其中可靠性是会计质量的根本要求，要求会计的账务处理必须以真实发生的交易及事项进行无偏的中立的客观会计处理，以真实反映公司的偿债能力、盈利能力和营运能力，为外部投资者、债权人、政府职能部门决策提供有用的会计信息。这就要求会计人员必须遵守会计职业道德，会计处理必须符合相关政策法规。这也是习近平总书记提出的高校思政教育“润物无声”的具体体现。

22.2.3 供给侧结构性改革思想与会计课程教学的思政业融合性

自 2015 年起，中国经济结构进入了一个新阶段，经济增长持续放缓与

CPI（居民消费价格指数）持续低位运行，为应对这一系列挑战，习近平总书记多次强调深化供给侧结构性改革的紧迫性和重要性。从2016年1月、2017年10月至2018年12月，习近平总书记和中央财经工作会议多次强调，需通过减少无效供给、扩大有效供给，使供给体系更好地适应需求结构变化。在此背景下，“去产能、去库存、去杠杆、降成本、补短板”（简称“三去一降一补”）作为供给侧结构性改革的全面行动方案，被确立为我国经济改革的持续性战略，并在全国范围内广泛实施。“三去一降一补”五大任务，也在会计专业课程的教学中得到了充分的体现与运用。

“去产能”与“去库存”两大任务，是基于会计核算结果揭示出的我国企业产能过剩与库存积压问题而提出的。通过会计专业相关课程的学习与实践，能够反映企业的产能与库存状况，进而指导企业根据库存商品的变动情况调整生产策略，生产适销对路的产品，有效缓解产能过剩与库存积压，实现供需平衡。

“去杠杆”则是针对供给侧结构性改革前我国企业，尤其是国有企业普遍存在的资产负债率偏高、财务风险加剧的问题而提出的。数据显示，2007年全国规模以上工业企业的资产负债率为57.48%，西部少数民族自治州地区更是高达62.35%；至2016年，虽有所下降，但规模以上工业企业资产负债率仍为55.8%，央企平均达60.4%，房地产行业更是高达78.85%。这些通过会计处理得出的数据，为国家经济发展战略的调整提供了重要参考，揭示了我国企业杠杆率过高的风险，促使国家及时提出降杠杆改革，并将这一改革理念融入会计专业教学的思政教育与业务实践中。通过学习上市公司财务报表，了解企业杠杆情况，为企业的可持续发展提供策略建议，有效化解财务风险。

“降成本”政策在会计专业课程思政的融入与实践中，则主要体现在税费政策的改革上。例如，增值税税率的调整，一般纳税人从2018年前的17%逐步下调至2019年4月的13%，小规模纳税人增值税税率也从6%降至疫情防控期间的1%。这些会计处理实践，正是国家降低企业成本、提升市场竞争力政策的具体体现。

“补短板”政策则聚焦于国家对研发投入所得税计缴的优惠政策上。为激励企业加大研发投入，提升技术创新能力，国家不断提高研发投入费用在所得税计缴中的扣除比例。从2018年起，符合条件行业的企业所得税加计扣除比例得到大幅提升，费用化研发费用在100%允许扣除的基础上，再加按75%的扣除率基数缴纳所得税；对于已形成无形资产的资本化研发费用，则按无形资产成本的175%在税前摊销。自2023年1月1日起，费用化的研发费用在据实扣除的基础上，再按实际发生额的100%在税前加计扣除；对于已形成无形资产的资本化研发费用，按照无形资产的200%在税前摊销。并且规定，对于资本化研发费用，无论是在2023年之前还是之后形成的无形资产，在2023年1月1日以后均可按无形资产成本的200%在税前摊销。例如，某企业在2022年9月研发形成的无形资产，其允许加计扣除的无形资产成本为1500万元，按10年摊销，则在2023年可按无形资产成本的200%在税前摊销，即可在税前摊销300万元，相比不享受加计扣除政策，企业可节省一倍的税款，有效节约现金流，从而极大地鼓励了企业加大研发投入。这些内容在会计学课程教学中的深入学习与探讨，正是思政教育与专业业务深度融合的具体例证。

22.3　加强会计专业课程思政业融合教学的建议

22.3.1　充分认识会计专业课程思政教育的重要性和必要性

无论社会如何发展，财务智能化技术如何进步，财务部门作为企业运营的基石，其重要性始终不可撼动。现实中频发的思政教育缺失导致的负面案例，深刻揭示了加强会计专业课程教学与思政教育融合的紧迫性和必要性。前文提及的几起财务造假事件，无一不是以公司股价的断崖式下跌作为代价。例如，绿大地因财务造假被揭露，股价暴跌近六成，投资者损失高达数十亿元。紫鑫药业在财务造假案曝光后，股价从2008年的峰值45.96元跌至2012年年初的7元多，跌幅超过八成。华锐风电更是因财务造假，其股价从90元的发行高价，在短短两年多时间内跌至不足5元。康美药业在2015年11月创下历史最高股价48.28元/股后，也因财务造假事件曝光，股价持续暴跌，直至2023年6月26日每股收盘价仅为1.99元。每一次财务造假事件的爆发，都使广大中小投资者蒙受巨大损失。

这些财务造假的惨痛教训，不仅凸显了思政教育缺失和法律意识淡薄的严重后果，更强调了加强会计课程思政教育和加大违法惩戒力度的必要性和重要性。这些案例让学生深刻认识到，违反会计职业道德、不遵循会计准则进行会计处理、提供虚假会计信息，不仅是思政教育缺失的直接体现，更是对处于信息不对称劣势地位的中小投资者的严重伤害。同时，这种行为也违背了习近平总书记倡导的“人民至上”的发展理念。

22.3.2 强化会计专业课程内容的切实掌握和思政教育的融合

会计专业课程是极具实践性的应用性学科，要使学生们步入社会后，能够灵活运用所学专业知识，实现思政理论与会计实践的深度融合，要求学生们在校学习期间，必须打下坚实的专业知识和技能基础，同时把握现代社会会计信息化、人工智能化所带来的挑战与机遇。因此，深化教学改革，创新教学方法，成为提升教学质量的关键所在。在教学实践中，应综合运用课堂讲授法、互动讨论法、案例分析法、课后练习法等多种教学手段，以丰富多样的方式激发学生的学习兴趣，促进他们对专业知识的深入理解和技能的熟练掌握。通过这些方法，学生不仅能够掌握扎实的会计专业知识，还能在实践中有效运用这些技能，提供真实、准确、有用的会计信息。这样的会计信息，对于外部投资者、债权人、政府职能部门以及社会公众等利益相关者来说，具有重要的决策参考价值。它体现了会计诚信职业道德的核心要求，也是思政教育在会计专业课程中的根本体现。

22.3.3 及时引入涉及思政教育的会计、税务等政策法规的动态信息于教学中

会计专业课程不仅要求掌握专业的会计账务处理和财务管理技巧，更需深入理解和贯彻国家的会计、税务政策法规。会计处理不仅要遵循不断发展变化的会计准则和税务法规，还面临传统会计向现代人工智能化转变的挑战。因此，会计专业课程教学必须紧跟时代发展的步伐，积极应对大数据时代背景下数字化转型的挑战，增设适应现代技术需要的课程，对于传统的持续性需要开设的财务会计、财务管理等核心的传统课程，要密切关注会计准则和税务法规的最新动态，及时将这些变化融入课堂教学之中，确保学生能够全面掌握思政与业务融合的最新信息，为学生在未来步入社会后实现学以致用奠定坚实的基础。

22.3.4 强化会计职业道德与风险管理教育

随着我国法制化建设的持续深化，会计制度、监督政策及法规体系日益完善，对财务造假行为的惩戒力度显著增强。以绿大地财务造假案为例，面对社会广泛的质疑与压力，该案的最终判决结果大幅提升了惩处力度，于2013年2月7日，绿大地公司因财务造假被判处的罚金由初判的400万元增至1040万元，原董事长被判处有期徒刑10年，原财务总监被判处有期徒刑6年并处罚金30万元。

近年来，我国在制度层面进一步加大了对财务造假的惩戒力度。2020年3月1日正式实施的新《中华人民共和国证券法》（以下简称“新证券法”），对违反会计职业道德、进行财务造假的行为实施了更为严厉的惩处措施。新证券法规定，发行人在尚未发行证券而被查出财务造假的，处以二百万元以上二千万元以下的罚款。已经发行证券而被查出财务造假的，处以非法所募资金金额百分之十以上一倍以下的罚款。发行人的控股股东、实际控制人组织、指使违法行为的，没收违法所得，并处以违法所得百分之十以上一倍以下的罚款；违法所得不足二千万元的，处以二百万元以上二千万元以下的罚款。对直接负责的主管人员和其他直接责任人员，处以一百万元以上一千万元以下的罚款。相较于以往，新证券法在惩处力度上实现了显著提升。

随着新证券法的落地实施，近年来财务造假的康美药业也受到了前所未有的严厉处罚。2021年11月17日，广东省佛山市中级人民法院对康美药业财务造假案作出最终判决，公司需承担24.59亿元的赔偿责任；公司实际控制人原董事长及总经理因组织策划实施财务造假罪、操纵证券市场罪、行贿罪等数罪并罚，被判处有期徒刑12年，并处罚金人民币120万元；另有13名高管人员按过错程度分别承担20%、10%、5%的连带赔偿责任，被分别判处有期徒刑并处罚金。

将这些真实案例引入课堂教学，对于强化会计专业学生的思政教育、提升学生的会计职业道德建设意识和风险管理意识具有重要意义。通过案例学习，学生能够深刻认识到遵守党的路线方针政策、贯彻会计信息质量要求的重要性，学会客观公正地对公司经营业务进行确认、计量、记录和报告。这不仅是对会计人员自身的保护，更是为报表使用者提供有用信息、保护中小投资者利益的重要规范行为。

参考文献

[1]习近平．思政课是落实立德树人根本任务的关键课程[J]．求是，2020,9(17):12.

[2]习近平强调,贯彻新发展理念,建设现代化经济体系[EB/OL].(2017－10－18)．新华网,http://m.news.cn/2017－10/18/c_1121820551.htm.

[3]许涛．以高质量高校思政教育助力教育强国建设[N]．光明日报，2023－06－16(6).

[4]国家税务总局政策法规司.2023年研发费用税前加计扣除新政解读[EB/OL].(2023－04－21).http://times.clzg.cn/html/2010－11/23/content_169883.htm.

[5]证监会．中华人民共和国证券法(第十三章)[EB/OL].(2019－12－29).https://baijiahao.baidu.com/s?id=1654220447513131514&wfr=spider&for=pc.

[6]一审宣判！康美药业承担24.59亿赔偿责任,实控人财务造假属故意[EB/OL].(2021－11－12)．和讯网，https://baijiahao.baidu.com/s?id=1716209513481489225&wfr=spider&for=pc.

[7]戴德明．中级财务会计[M]．北京:中国人民大学出版社,2021.